传家·知识

让青少年
受益一生的

国学
精萃

褚泽泰 编著

北京出版集团
北京出版社

图书在版编目（CIP）数据

让青少年受益一生的国学精萃／褚泽泰编著. — 北京：北京出版社，2014.1
（传家·知识）
ISBN 978 - 7 - 200 - 10268 - 0

Ⅰ. ①让… Ⅱ. ①褚… Ⅲ. ①国学—青年读物②国学—少年读物 Ⅳ. ①Z126 - 49

中国版本图书馆 CIP 数据核字（2013）第 281003 号

传家·知识

让青少年受益一生的国学精萃

RANG QING-SHAONIAN SHOUYI YISHENG DE GUOXUE JINGCUI

褚泽泰　编著

*

北 京 出 版 集 团
北 京 出 版 社　出版

（北京北三环中路 6 号）

邮政编码：100120

网　　址：www . bph . com . cn

北 京 出 版 集 团 总 发 行
新 华 书 店 经 销
三河市同力彩印有限公司印刷

*

787 毫米×1092 毫米　16 开本　12 印张　170 千字
2014 年 1 月第 1 版　2023 年 2 月第 4 次印刷
ISBN 978 - 7 - 200 - 10268 - 0
定价：32.00 元

如有印装质量问题，由本社负责调换
质量监督电话：010 - 58572393
责任编辑电话：010 - 58572775

前　言

中国风，是一种文化符号，一种风格，一种流派；更是一种精神，一种情怀，千年文化积淀之下的一种感动。

中华民族的传统文化是世界上最具特色的文明形态之一。在漫长的历史长河中，这个民族创造了内涵丰富的经典，又被这些经典一代一代哺育浸润。

一个民族，一个国家，如果没有自己的精神支柱，就等于没有灵魂，就会失去凝聚力和生命力。在五千年的历史长河中，中华民族的文明创造了源远流长、博大精深的民族文化，有许多优秀的思想精华永远值得我们发扬。中国灿烂五千年的历史文明，积淀了一个泱泱大国厚重的文化底蕴，练就了顽强进取的民族精神，那些用智慧凝结成的结晶，带领着我们思考人生，领略广阔的天地，回味历史的悠长。"自强不息"的开拓精神；"厚德载物"的博大胸怀；"富贵不能淫，贫贱不能移，威武不能屈"的浩然正气；"国家兴亡，匹夫有责"的爱国主义精神；"先天下之忧而忧，后天下之乐而乐"的无私奉献精神；"衙斋卧听萧萧竹，疑是民间疾苦声"的忧国忧民的情怀……感谢我们的圣贤、先哲，他们为了文化的扩大延续，不畏强权政治，不顾身心迫害，创作了这么多珍贵的经典。这些凝结了中华民族精神的思想，对中华民族的形成和发展起到了极其重要的作用。

中华民族传统文化的载体是国学，只有接续国学薪火，才能传承中华民族的文化精神。

国学，顾名思义就是中国之学，中华之学。自汉代以来，由于国力鼎盛，威名远播，故海外又称大汉民族之学为"汉学"。但如今，海外所指汉学，均指汉民族之学，即对中国的研究，特指对中国的语言文化、文学、历史和风俗习惯的研究，囊括中华全部文化范畴，例如把百家之术，如儒、释、道、兵、法、墨等学说统统收于国学囊中，如此，则五术六艺诸子百家之说，都能统称为"国学"，所以，国学又称为"中国学"。

国学博大精深，历久弥新，几千年来一直是中国人安居乐业、安身立命之文化根基，也一直是中国文人的精神脊梁。中国之所以成为世界上唯一文化绵延五千年而没有中断的国家，也是有了如此深厚的国学文化做支柱。这种文化一直贯穿于中国的历史发展长河中，也一直贯穿于每一个中国人的成长历程中。

所以，弘扬和培育民族精神，发扬和光大革命精神，不可不从国学启蒙开始。回溯源头，传承命脉，国学是民族精神的源头活水。国学的精妙在于它能把我们的思想升华到一定的高度，使我们了解到绵延五千年之久的中国文明历史。

国学是我们中国人特有的国萃，它是人类进步的阶梯，它承载着中华五千多年的文化内涵，它让我们拥有渊博的知识，让我们足够坚强，让我们树立起清晰的人生目标。作为中国人，我们应该以此为傲，也希望青少年朋友们能继承并发扬中国传统国学文化，使其在历史的舞台上熠熠生辉！

目 录

第一章

诸子百家：百花齐放的年代

 儒家

孔子

【概况】

在中国的历史上，有不少享誉世界的文化名人，而在这些人物当中，孔子算得上名声异常响亮的一个。他对后世影响深远，被尊称为"至圣"。

孔子，名丘，在家中男子中排行第二，故字仲尼，春秋时期鲁国陬邑昌平乡（即今天的山东曲阜市南辛镇）人。他是我国古代伟大的思想家、教育家、文学家，社会活动家，儒家学派的创始人。他不仅一生著述颇丰，相传曾修《诗》《书》，定《礼》《乐》，序《周易》，作《春秋》，及记录孔子与其弟子言行的《论语》，而且热心教育，相传有弟子三千，史书上有确切记载的弟子也有七十二人。

孔子学说的核心是"礼"与"仁"。在政治上，孔子主张"为政以德"，认为用道德和礼教来治理国家是最高尚的治国之道，这种治国方略也就是我们常说的"德治"或"礼治"。在教育上，孔子首次提出"有教无类"的思想，认为世界上一切人都享有受教育的权利，不仅如此，他还提出了很多有价值的教育原则和学习方法，如"循循善诱""因材施教""举一反三""三人行必有我师"等，影响深远。

【名句】

己所不欲，勿施于人。

译文：自己不喜欢的事物，不要强行加于别人身上。它在今天的社会道德修养方面有积极意义，已成为警世格言。

见贤思齐，见不贤而内自省。

译文：看到有才能的人，就向他学习，希望能和他一样。看到不贤的人，就从内心反省自己有没有跟他相似的毛病，有的话要改正。这是孔子说的话，也是后世儒家修身养德的座右铭。这句话告诫我们，在面对榜样的时候，先要区分好坏，然后才去效仿或者吸取教训。

人无远虑，必有近忧。

译文：人如果没有长远的谋划，就会有即将到来的忧患。这里说的实际上是一个因果循环的道理，我们现在会面临忧愁，是因为以前没有深思熟虑。同样，今天的作为如果未经长远的深思熟虑，未来必会尝到苦果。这句话告诫我们：凡事不仅要对眼前的情况进行深入思考，还应学会做好长远打算。

人而无信，不知其可也。大车无輗，小车无軏，其何以行之哉？

译文：人无信誉，不知能干什么。大的车没有车的边际，小的车没有车内的凳子，那怎样行驶呢？诚信是为人的根本准则，一个人如果失去了信用就无法在社会上安身立命，这样的人终其一生也是很难有所成就的。

与善人居，如入芝兰之室，久而不闻其香，即与之化矣；与不善人居，如入鲍鱼之肆，久而不闻其臭，亦与之化矣。

译文：和品行优良的人交往，就好像进入了摆满芳香的兰花的房间，久而久之闻不到兰花的香味了，这是因为自己和香味融为一体了。和品行不好的人交往，就像进入了放满臭咸鱼的仓库，久而久之就闻不到咸鱼的臭味了，这也是因为你与臭味融为一体了。这就是说，真正有道德修养的人应该谨慎地选择相处的朋友和环境。

默而识之，学而不厌，诲人不倦，何有于我哉？

译文：把所见所闻默默记在心里，学习总感到不满足，教导人特别耐心，从不厌倦，这些对我来说，有哪一点是我所具备的呢？孔子在此谈的是学习态度和教学原则的问题。在学习上的不知足，是我们积极进取的动力，在教学上的细致耐心是我们教导别人时的良好态度。

吾十有五而志于学，三十而立，四十而不惑，五十而知天命，六十而耳顺，七十而从心所欲，不逾矩。

译文：我十五岁开始立志学习，三十岁能自立于世，四十岁遇事就不迷惑，五十岁懂得了什么是天命，六十岁能听得进不同的意见，到七十岁才能达到随心所欲，想怎么做便怎么做，也不会超出规矩。这是孔子对自己一生奋斗经历的总结。

三军可夺帅也，匹夫不可夺志也。

译文：三军可以剥夺主帅，匹夫不可剥夺志向。俗话说得好："人无志则不立。"志向对于我们的成才来说是至关重要的。远大的志向不仅是人们前进途中的指路灯，能催人奋进，而且能陶冶人的情操，甚至能帮助人们克服前进道路上的困难。

君子食无求饱，居无求安，敏于事而慎于言，就有道而正焉，可谓好学也已。

译文：君子，饮食不求饱足，居住不要求舒适，对工作勤劳敏捷，说话却小心谨慎，到有道的人那里去匡正自己，这样可以说是好学了。这是孔子对君子好学表现的一些概括。但凡有德有才的人，一般都不怎么看重物质的享受，在学习上却是勤奋而严谨的。

君子成人之美，不成人之恶。小人反是。

译文：君子帮助人取得成绩，不促使人陷入失败。小人相反。一个德行良好的人不仅常常助人为乐，还会为别人的进步而感到高兴。而那些品格和教养有缺陷的人总是以嫉妒之心对待别人的成功，甚至会人为制造麻烦去阻碍别人。我们应该修炼和完善自己的德行，做一个谦谦君子。

成事不说，遂事不谏，既往不咎。

译文：以前的事不要再评说了，做完的事不要再议论了，过去了就不要再追究。过去的事情，不管对错，过了就算了。对于别人曾经有过的错误，我们应该学会遗忘，学会宽容。我们不能总是沉湎于过去，而要学会以积极的心态面对现在和未来。

益者三友，损者三友。友直，友谅，友多闻，益矣。友便辟，友善柔，友便佞，损矣。

译文：有益的朋友有三种，有害的朋友有三种。结交正直的朋友、诚信的朋友、知识广博的朋友，是有益的。结交谄媚逢迎的人，结交表面奉承而背后诽谤人的人，结交善于花言巧语的人，是有害的。这是在告诫我们要善于选择和结交朋友。

名不正，则言不顺；言不顺，则事不成。

译文：名分不正，说起话来就不顺当合理，说话不顺当合理，事情就办不成。我们现在常用的成语"名正言顺"就出于此，意为，做事理由正当而充分，含有理直气壮的意味。在人生中找到自己恰当的定位，在做事时名义正当、合乎道理，我们做人和做事就能轻松很多。

不患人之不己知，患不知人也。

译文：不担心别人不了解自己，只担心自己不了解别人。有才有德的君子在为人处世时总能坚持自己的原则和看法，不会刻意讨好别人，却会以宽恕的心态来对待别人，这样的人一般都会宽以待人、严于律己，不会责怪别人的不了解，却希望了解别人。

岁寒，然后知松柏之后凋也。

译文：直到每年最寒冷的季节时，才知道松树、柏树是最后落叶的。在中国古典文学中，松树、柏树都是坚贞不屈、坚忍不拔的意象，以松树、柏树为喻，实际上是说人应该具有坚贞不屈的精神，即使是身处逆境，也要经受住时间和环境的考验。

小不忍则乱大谋。

译文：小事不忍耐就会坏了大事。忍让不仅是一种美德，还是一种智慧。有理想、有志向的人，不应在小事上斤斤计较、纠缠不清，而应有开阔的胸襟和远大的抱负。只有这样，才能成就大事，达成心愿。

孟子

【概 况】

谈到孟子，恐怕很多人都会想到"孟母三迁""孟母断织"等故事。孟子并不是一个天生就有学问的人，而且他在幼年时比一般的孩子要调皮和贪玩，后来，孟母为了教育他，三次搬家，还不惜以剪断布匹的方式开导他，后来，孟子终于变得懂事了，而且成就了一番事业。

孟子，名轲，字子舆，战国时期鲁国人，是中国古代著名思想家、教育家。关于他的身世，流传下来的史书中记载很少。由史书记载可知，他出生于孔子死之后的百余年，是孔子的第四代弟子。他三岁丧父，是在母亲的艰辛抚养和严格管教下成长起来的，所以学习尤为勤奋。他继承并发扬了孔子的思想，成为仅次于孔子的一代儒家宗师，有"亚圣"之称，与孔子合称为"孔孟"。

孟子发扬了孔子的"仁学"思想，提出了"仁政"的政治主张。"仁""义"是其学说的核心。同时，他以人类"性善论"作为谈人生和谈政治的理论根据，主张德治，还提出了"仁政""王道"等观点。

【名句】

不以规矩，不成方圆。

译文：不用圆规和曲尺，就不能正确地画出方形和圆形。规则和自由是共生的，没有规则，我们的自由也就无法得到保障。因而，我们在追求自由、张扬个性的同时，要学会自我约束和接受来自外界的约束，只有这样，才能实现双赢。

老吾老，以及人之老；幼吾幼，以及人之幼。

译文：在赡养孝敬自己的长辈时不应忘记其他与自己没有亲缘关系的老人。在抚养教育自己的小辈时不应忘记其他与自己没有血缘关系的小孩。这是孟子在描述自己心中的理想社会时说的话，与孔子对大同之世的理解有着异曲同工之妙。同时，这无疑是中华民族长期一贯的传统博爱思想。理应发扬光大！

君子不怨天，不尤人。

译文：君子不抱怨天，不责怪别人。有德行的人即使在遭遇困境时，也不会抱怨上天和别人没有帮助他，而是会自我检讨，自己承担责任并努力解决问题。成语"怨天尤人"就出自于此。在遇到困难时，抱怨于事无补，只有学会自我反省，认真思考解决的办法才是当务之急。

权，然后知轻重；度，然后知长短。

译文：称一称，才知道轻重；量一量，才知道长短。"权"和"度"在古代是衡量、度量的意思，后来引申为思考之意。这句话意在告诉我们：对事物的判断要经过仔细的思考才能够知道它们的内在本质。

心之官则思，思则得之，不思则不得也。

译文：心这个器官职在思考，思考才能获得，不思考便不能获得。勤学习、多思考是一个人取得成功的重要条件，只有经过用心思考，我们才能真正将知识转化为自己的，这样，我们才算是真正掌握了知识。

天子不仁，不保四海；诸侯不仁，不保社稷；卿大夫不仁，不保宗庙；士庶人不仁，不保四体。

译文： 天子不行仁，便保不住他的天下；诸侯不行仁，便保不住他的国家；卿大夫不行仁，便保不住他的宗庙；一般的老百姓不行仁，便保不住自己的身体。孟子将"仁"看作个人安身立命、统治阶级维持统治的根本，主张行仁政，讲仁义。

说诗者，不以文害辞，不以辞害志。以意逆志，是为得之。

译文： 解说诗的人，不要拘于文字而误解词句，也不要拘于词句而误解原意。用自己的切身体会去推测作者的本意，这就对了。也就是说，我们在鉴赏诗歌的时候，不要拘泥于它的文字词语，而要从作品的整体出发，由表及里、由浅入深地理解诗作的主旨，要结合自己的生活经验，"将心比心"地去领会、推测诗人在诗中所寄寓的情感，只有这样，才能真正理解诗歌的内容和主旨。

其进锐者，其退速。

译文： 前进太猛的人，后退也会快。这句话和孔子所说的"欲速则不达"和"过犹不及"其实是一个道理，都是说事情做得过了头，往往达不到想要的结果。只有坚持中庸之道，做得恰到好处，才能够从容不迫地顺利地达到目的。

有恒产者有恒心，无恒产者无恒心。苟无恒心，放辟邪侈，无不为已。

译文： 有一定产业收入的人才有一定的道德观念和行为准则，没有一定产业收入的人便不会有一定的道德观念和行为准则。假若没有一定的道德观念和行为准则，就会胡作非为，违法乱纪，什么事都干得出来。

故天将降大任于斯人也，必先苦其心志，劳其筋骨，饿其体肤，空乏其身，行拂乱其所为，所以动心忍性，曾［增］益其所不能。

译文： 所以上天如果将要把重要的任务加到某人的身上，一定要先使他的意志遭受折磨，使他的筋骨经受劳累，使他的身体肠胃忍饥受饿，使他的全身困苦乏力，使他的行为总是不断地遭受到干扰麻烦。这样便可以震动他的心意，坚韧他的性情，增加他的能力。人都是在历练中成长起来的，经受住苦难的磨炼，在其中锻炼能力和意志，增长知识和才干，我们才能担当得起大任，取得最终的成功。

保民而王，莫之能御也。

译文：一切为着百姓的生活安定而努力，这样去统一天下，没有人能够阻挡。这句话体现了孟子的"民本"思想。孟子认为，为政者应爱护人民，保障人民的权益，只有这样，国家才能强盛兴旺。

爱人者，人恒爱之；敬人者，人恒敬之。

译文：爱别人的人，会受到别人的爱；尊敬别人的人，会受到别人尊敬。人与人之间的关系和态度都是相互的，你对别人的态度决定着别人对你的态度。所以，如果你想要别人怎样对你，就应该先怎样对待别人。

 道家

老子

【概况】

在诸子百家的人物中，老子的身世颇富传奇色彩。相传他的母亲怀了九九八十一天身孕，从腋下将他产出，他一生下来就是白眉毛白胡子，所以被称为老子，也有人称他为"老聃（音单）"。但他的真名

不是这个。老子姓李，名耳，是楚国人，今天属河南，汉族。他曾担任过藏室史，相当于现在的国家图书馆馆长。

老子博学多才，相传他还是孔子的师傅，当初孔子周游列国时，曾专门向老子问礼。

据史料记载，老子听到孔子感叹："逝者如斯夫，不舍昼夜！"说人生如同流水，一去不回之后，老子不以为然地说："生老病死都是自然，只有贪心的人才会感叹啊。"老子手指着浩浩的黄河，对孔子说："你要学一学水的德——上善若水。水对万物都有好处，但是它从不争功；水虽然很温柔，但是又很坚韧，滴水石穿。""上善若水"是老子的一个著名思想。

除了这一思想，他还有其他的一些思想主张，如以"道"来解释宇宙万物的演变，强调"无为而治"等。他的理想政治境界是"邻国相望，鸡犬之声相闻，民至老死不相往来"，也就是为我们所熟知的"小国寡民"、拥有淳朴民风的社会。

老子的主要思想，蕴含于《道德经》之中。《道德经》又名《老子》，这本书只有五千言，却蕴含了丰富的哲学内容。其中对后人最有指导意义的就是朴素的辩证法，比如：书中认为一切事物均具有正反两面，而且这两方面是可以转化的。这本书现已被译成一千多种语言，是世界上少有的传播范围这么广的古籍。不过，由于年代久远，老子所写的最初的那个版本已经失传了，我们现在所能看到的都是后来学者整理的版本。

老子的哲学思想和由他创立的道家学派不仅在春秋时期独树一帜，同时对中国几千年来的思想文化都产生了深远的影响。后来中国土生土长的道教就吸取了老子思想的精髓，并尊奉老子为道祖。

【名句】

天下之至柔，驰骋天下之至坚。

译文：天下最柔软的东西，能在天下最坚硬的东西中穿行驰骋。不要以为坚硬的东西才是最有力量的，所谓柔能克刚、水滴石穿，这就是老子强调的"上善若水"的道理。我们在人际交往中也应该懂得这个道理。

大音希声，大象无形。

译文：最大的声音听不见，最大的形象没有形状。这句话显示了老子的哲学思想，很多学者都曾对此进行过深入的研究。现在我们多用它来形容真正的大师是朴实无华的，真正的学问是简单明了的。

夫唯不争，故莫能与之争。

译文：因为他什么都不争，所以没有人能争得过他。与世无争是一种很高的道德境界，有时它反而能让我们得到意外的收获。所谓"壁立千仞，无欲乃刚"，只有真正做到无欲无求，才能达到坚强、勇敢、强大的境界。

知足之足，常足。

译文：只有知道知足，才会经常感到满足。这句话说的就是"知足常乐"的道理。其实，这世间最简单的快乐就是知足常乐。看淡尘世的烦恼，不慕荣利，我们才能将自己的精力更多地灌注于现实的幸福之中，懂得珍惜拥有。

大器晚成。

译文：宝器都形成得很晚。成大事者要经过长时间的磨炼才能成功，所以大器晚成。《三字经》中有"苏老泉，二十七，始发愤，读书籍。"苏东坡的父亲苏洵（号老泉）就是一个大器晚成的例子。

邻国相望，鸡犬之声相闻，民至老死不相往来。

译文：两个相邻的国家可以看得见，听得到对方国家里的鸡鸣犬吠，但是两国之间的人直到老死也从不往来。"小国寡民"的出处，就源于这句话。小国寡民，并不是说老子排外、自闭，而是对一种淳朴民风的向往。

其出弥远，其知弥少。

译文：走出户外愈远，领悟道理愈少。初看起来，老子的这种思想似乎有点违反我们的常识，但如果能不拘泥于习惯性思维，就好理解一些了。这就像一个人不断地去追寻某个东西，越走越远，越走越深入，越来越专业，但他的兴趣和知识也就越来越集中，那么他所关注的范围相对来说就越来越狭窄了。

信言不美，美言不信。

译文：实在的话不动听，动听的话不实在。所谓"良药苦口利于病，忠言逆耳利于行"。话的好坏并不在于言辞，而在于能否给我们带来启发和帮助。所以，我们在平时应该多听取那些实在而有用的话，而不要轻信甜言蜜语。

企者不立，跨者不行。

译文：踮起脚跟，无法站得久；跨步前进，无法走得远。一个人的才华展示就像用脚尖跳舞一样，用这种方式固然可以创造出美丽的芭蕾舞来，但我们在平时不能总是踮着脚尖走路。只有打好基础，脚踏实地，一步一个脚印，我们才能更好地展现自己。

有无相生，难易相成，长短相形，高下相倾，音声相和，前后相随。

译文：有无相互依存，难和易相反而存在。长和短相比较而显现，高和下相互依赖，音和声相互和谐，前和后相互跟随。这是老子朴素的辩证思想，任何事物都是相比较而存在的，每一个事物之间也是相互联系的。

善用人者为之下。

译文：真正善于用人的人总是非常谦虚，从来不自高自大。民间有句俗话："满桶水不响，半桶水响叮当。"真正的贤者总能保持谦虚的作风，只有那些才能并不完善的人才总会自以为是。唐太宗就是最好的例子，他从来不自以为是，总是虚心求教，所以他被称为千古一帝。

天网恢恢，疏而不漏。

译文： 天道极为广大，虽然看起来稀疏，但是绝对不会有所疏漏。老子原是想用这句话来说明顺从自然的道理。现在常用它来警示人们不要对自己的罪行抱有侥幸的心理，否则早晚会得到制裁。

知人者智，自知之明。

译文： 能够了解别人的人才算有智慧，能够客观认识自己的人才算明智。人贵有自知之明，很多错误，往往就犯在不自知上。客观认识自己是一件很难的事情，但是当你了解了自己，所有的烦恼和痛苦也就会缓解了。

上善若水，水利万物而不争。

译文： 最上等的善就好比水，水滋润着天地万物，但是从来与世无争。在老子看来，水是一种美好的意象，它蕴含着无穷的智慧、谦逊、持之以恒、柔软坚强、适应环境等，这些美好的品质都是我们应该学习的。

是以圣人后其身而身先，外其身而身存。

译文： 所以有道的人把自己放在后面，反而能赢得爱戴；把自己置之度外，反而能保全生命。拘泥于眼前的利益，总是在一些小事上斤斤计较，是得不偿失，如果我们能把眼光放长远一些、以退为进，可能就会有意想不到的收获。

致虚极，守静笃；万物并作，吾以观复。夫物芸芸，各复归其根。

译文： 尽力使心灵的虚寂达到极点，使生活清静坚守不变。万物一齐蓬勃生长，我从而考察其往复的道理。老子非常强调致虚守静的功夫，主张人们应当用虚寂沉静的心境，去面对宇宙万物的运动变化。对我们而言，这是一种很高深的心境，需要慢慢体悟和修炼。

不自见，故明；不自是，故彰；不自伐，故有功；不自矜，故能长。

译文：不自以为能看见，所以看得分明；不自以为是，所是是非昭彰；不求自己的荣耀，所以大功告成；不自以为大，所以为天下王。老子在这里说的是该如何面对自我的问题。与其夸夸其谈，不如以实际行动来证明；与其自恋而张扬得过了头，还不如保持矜持，以行为来显示自己的魅力。做到这些，我们才算是获得真正意义上的成功。

天下皆知美之为美，斯恶已；皆知善之为善，斯不善已。

译文：天下的人都知道怎样算是美，这样就有了丑；都知道怎样算是善，这样就有了恶。在老子看来，很多概念的产生都是相对而依存的，缺一不可。在我们看来，这些思想可能不好理解，但如果多了解一些哲学知识的话，理解起来就会容易得多。

兵者不祥之器，非君子之器，不得已而用之。

译文：兵革是不吉利的工具，不是君子该用的，只有不得已才能动用它。用武力是很难彻底解决问题的，动不动就引起战争也绝非明智之人应该做的，因为这会影响国家的正常发展，导致生灵涂炭。只有在和平的环境中，我们才能得到良好的发展，国家才会富强。

庄子

【概况】

与孔子一样，庄子也是一位享誉世界的文化名人。他的思想虽然没能成为几千年专制社会的正统思想，但也在中国历史上产生了深远的影响。不仅如此，他深邃的哲学思想还影响到卢梭、梭罗、尼采等这些著名的哲学家。而且，现今人们所说的"儒家入世，道家出世"与庄子也是不无关系的。据历史记载，庄子的妻子死了，别人都来吊唁，庄子却"鼓盆而歌"。那么，庄子究竟是怎样的一个人呢？现在就让我们一起来了解一下。

庄子，名周，原是楚国楚庄王的后代，后来因为战乱搬迁到了宋国蒙，从此过着清贫的生活。他是战国时期伟大的思想家、哲学家和文学家，道家学派的主要创始人，与老子一起并称为"老庄"。他与老子的哲学思想，也被后人称为"老庄哲学"。庄子的思想主要体现在他倾尽一生心力写出的《庄子》一书中。这本书充分显示了庄子超凡的想象力和优美灵活的文笔，具有浓厚的浪漫主义色彩。

庄子的思想博大精深，他主张清静无为、顺其自然，不要因为汲汲于名利而蒙蔽了自己，给人生加上太多的枷锁。表面上看，庄子是一个愤世嫉俗的人，他宁愿过着贫困的生活，也不愿意接受楚威王的重金聘请。实际上，这正体现着他淡泊名利，主张修身养性、清静无为的思想。此外，他主张"天人合一"，强调以完善自我修养的方式来改变精神修养的境界；他以辩证的角度来看待世间的万物及其变化……可以说，庄子的学说涵盖着社会生活的方方面面，但根本精神还是归依于老子的哲学。

庄子在中国文学史、思想史上都占有举足轻重的地位，后来的很多学者在思想、文学风格、文章体制、写作技巧上都受到了《庄子》影响，以及后来的道教也继承了庄子的道家学说，并将庄子神化，奉为神灵。

【名句】

举世誉之而不加劝，举世非之而不加沮。

译文：全世界的人都赞美他，他也不会因之而振奋；全世界的人都诋毁他，他也不会因此而沮丧。修养是内在的，不会因为别人的夸奖和贬抑而改变。有修为的人，能够超然物外，宠辱不惊，内心安宁而从容。

得之于手，而应于心。

译文：手上操作很顺利，与心中所想很配合。"得心应手"这一成语就是由此衍化而来的。人们常用它来比喻很熟练地做一件事情。

脂穷于为薪，火传也，不知其尽也。

译文：脂膏烧完了，火种却流传下去，无穷无尽。这里用"薪"来比喻看得见的形体，以"火"来比喻精神，所要表达的意思为形体虽死而精神永存，现在我们常用"薪尽火传"这个成语来以喻师父传业于弟子。

吾生也有涯，而知也无涯。

译文：我们的生命是有限的，但是知识是无限的。用有限的生命去追求无限的知识，便会感到很疲倦。既然如此还要不停地去追求知识，便会弄得更加疲惫不堪！我们一向提倡要努力学习，但是庄子认为，学习的本质并不是为了知道得越多越好，知识不能成为人的装饰，而要为人生所用。如果仅仅为了获得知识而不停地追问，到头来反而会让人的心灵钝化了。

巧者劳而知者忧，无能者无所求。

译文：有能力的人会操劳，睿智的人会忧虑，什么都不会的人无所追求而感到满足了。

在此，庄子传达出自己"无为"的思想主张。他认为一个人只有对什么都无欲，才能体会到人生的快乐。这与老子的思想是相契合的。值得一提的是，他们的这种思想并不能理解为简单的悲观主义，而是一种超脱、豁达的追求。

去小智而大智明。

译文：去掉小聪明，往往就能得到更大的智慧。做事情偷工减料、寻找捷径并不是什么聪明的举动，而且，那些经常耍小聪明的人很可能会"聪明反被聪明误"，为人还是要踏踏实实，一步一个脚印。

以随侯珠弹千仞之雀。

译文：用明珠去弹飞得极高的雀鸟，很明显这是在舍重求轻，是不明智的。生活中，一些人常常为了眼前的利益而做违背道德良心的事情，或是为了金钱而损害健康，这些都是在舍重求轻，是极不值得的。

好面誉（音子）人者，亦好背而毁之。

译文：喜欢当面夸奖别人的人，也喜欢在背地里诋毁别人。言辞上的赞美并不一定可靠，内心才是最重要的。所以我们在与人交往的时候，不应该光凭语言就轻易对一个人作出评价，而应该多去探寻他的内心世界。那些不善于说好话的人，内心可能还要诚实正派得多。

哀莫大于心死，而人亦死次之。

译文：最大的悲哀莫过于心灰意冷，人的生命结束也不如它可悲。生命结束了，但是信念还会存在，人活着没有信念，就如同行尸走肉。

水之积也不厚，其负大舟也无力。

译文：如果水积得不够深的话，它就不能承担大船的重量。万丈高楼平地起，如果做不到好根基，我们是无法建成高楼的。这个道理同样适用于人的成才和发展。只有基础牢固，我们才能胜任重大的事情，从而有所成就。

名也者，相轧也；知也者，争之器。二者凶器，非所以尽行也。

译文：名是相互倾轧的原因；智是相互斗争的手段。两者是凶器，是不可以尽行的。一个人如果总是汲汲于名利，肯定就会不择手段地夫做一些违背良心和道义的事情；一个人如果很聪明，可总想着与人争斗，这也未必是件好事。这两者都是不好的，我们应该摒弃。

天下有道，圣人成焉；天下无道，圣人生也。方今之时，仅免刑焉。福轻乎羽，莫之知载；祸重乎地，莫之知避。

译文：天下有道，圣人可以成就事业；天下无道，圣人只能保全生命。现在这个时代，仅仅可以避开刑戮。幸福不过像羽毛那样轻，不知怎样才可以去承受；祸患重得像大地一样，不知怎样才能避免。

以道观之，物无贵贱。

译文： 从自然的观点来看，任何事物都没有贵贱之分。因为每一样东西都是大自然的一部分，每一个人都是一个生命，在本质上是一样的。如果能这样来看世界，就不会被外表的好坏迷惑了。

人皆知有用之用，而莫知无用之用也。

译文： 人们都知道有用的用处，但不懂得无用的更大用处。庄子的这句话深含着辩证的思想，也传达出"无为"的思想主张。庄子认为，世俗中所谓的"有用"，其实往往都是戕害自身的。比如山上的树木皆因材质可用而自身招致砍伐，油脂燃起烛火皆因可以燃烧照明而自取熔煎，如果它们于人类没有用的话，就不致被毁灭。

天地有大美而不言，四时有明法而不议，万物有成理而不说。

译文： 天地之间的大美、四时之间的序列、万物的生息枯荣都是因为自然的伟力，生死存亡，浑然一体，生息繁衍，自然天成，这才是真正和谐。自然界有自己的规律，人们应该遵循这种规律，而不必过于强求。

人生天地之间，若白驹过隙，忽然而已。

译文： 人存在于人世之间，就像白马经过一个很小的狭缝似的（非常快），转眼就过了。后来人们常用"白驹过隙"来形容时间过得极快。

君子之交淡若水，小人之交甘若醴。君子淡以亲，小人甘以绝。

译文： 君子之间的交情淡得像水一样，小人之间的交往甜得像甜酒一样。君子之交是以道相合，而不言利，故虽淡却亲；小人之交是以利相饰，而利不常有，故虽甘却有时而绝。这么说是因为君子有高尚的情操，他们之间的交往纯属友谊，看起来平淡，却能保持长久的亲密关系；而小人之间的交往包含着浓重的功利心，他们把友谊建立在相互利用的基础之上，表面上看起来很亲密，一旦对方满足不了自己的功利需求时，就很容易断绝。我们在与人交往时，要寻找君子而回避小人。

有机械者必有机事，有机事者必有机心。机心存于胸中，则纯白不备，纯白不备，则神生不定；神生不定者，道之所不载也。

译文：有了机械，就会产生机巧之事。有了机巧之事，就会产生机巧之心。机巧之心放在胸中，就会破坏纯白的品质。不具备纯白的品质，就会心神不定，心神不定的人，就会被道抛弃。功利机巧的确是害人的东西，我们还是少沾惹为妙。

鉴明则尘垢不止，止则不明也。

译文：镜子明亮、光滑的话，尘埃和污垢就不会停留在上边。尘埃和污垢如果停留在上边的话，镜子就不明亮了。实际上，我们的内心也是如此，人的内心如果明亮，就不会被利欲蒙蔽；反过来说内心被私欲蒙蔽的话，就不会明亮了。

筌者所以在鱼，得鱼而忘筌；蹄者所以在兔，得兔而忘蹄；言者所以在意，得意而忘言。

译文：渔具是为捕鱼而存在的，鱼捕到了渔具就没有需要了。捉兔子的陷阱是为捕兔而存在的，兔子捕到，陷阱就没有需要了。言语是用来传告思想的，领会了意思就可以忘掉言语了。相比于所用的手段，目的才是最主要的。

知足者不以利自累也，审自得者失之而不惧，行修于内者无位而不怍。

译文：知足的人，不为利禄而去奔波劳累；明白自得其乐的人，有所失也不感到忧惧；讲究内心道德修养的人，没有官位也不感到惭愧。学会知足，并能时时注意加强自己道德修养的人才能真正体会到人生的快乐。

 法家

【概况】

　　韩非子出生在战国七国之中最弱小的韩国，是贵族子弟。他曾与李斯同学，跟着荀子学习。但是韩非子的思想不同于荀子。他没有承袭儒家的思想，却"喜刑名、法术之学"，理论与黄老之法相似，主张清简无为，君臣各司其职。

　　目睹了韩国的日趋衰弱，韩非曾多次向韩王进谏，希望韩王变法图强，但始终都未被采纳。失望的他写了《孤愤》《五蠹（音杜）》《内外储》《说林》《说难》等十余万言的文章，详细说明了他的"法治"思想，也抒发了自己的愤懑之情。虽然韩非在生活中有口吃，不善言谈，他写的文章却气势逼人。

　　后来这些文章流传到了秦国，秦王当初读时对之非常赞赏，但不知道是谁写的，便问李斯，当得知是韩非所写时，为了见到韩非，秦王便下令攻打韩国。韩王原本不重用韩非，但此时形势紧迫，于是派韩非出使秦国。秦王终于见到了韩非，非常高兴，留他在秦国，却没有重视和信任韩非。后来，秦王还听信李斯和姚贾的谗言，认为韩非上书劝自己先伐赵缓伐韩是在为韩国谋划，便下令将韩非入狱审讯。后来，韩非死于狱中。

　　韩非子是中国古代著名的哲学家、思想家、政论家和散文家，法家思想的代表人物。他的学说思想主要见于《韩非子》一书，书中文

章说理精密，文锋犀利，论证切中要害。今天所存的《韩非子》一书，绝大部分是他本人的文章。郭沫若曾将他与战国其他名人的文气对比，说"孟文犀利，庄文恣肆，荀文浑厚，韩文峻峭，各有千秋。"

【名句】

不可陷之盾与无不陷之矛，不可同世而立。

译文：不能戳破的盾牌与无所不穿的长矛是不能同时存在的，不然就是自相矛盾了。说话办事如果不符合实际情况，就很容易陷入自相矛盾的境地了。说话做事不自相矛盾的最好方法就是始终保持诚信的品格。

去好去恶，明臣见素。

译文：君王不表现出自己的喜好，也不表现出自己的厌恶之处，臣子们就能表现出自己的真实面目了。上有所好，下必效之。所以领导者应该慎重自己的言行，而臣子也应该直言不讳，才是君臣之义。

长袖善舞，多钱善贾。

译文：袖子长舞蹈起来就很好看，资金多运营起来就顺利。有一个好的条件，做起事情来就能得心应手。我们在成长的过程中应该积极为自己的成功储备良好的条件，千万不要等到机遇来临之时，才发现自己没有抓住它的能力。

善张网者引其纲。

译文：善于撒网捕鱼的人，总是抓着网的主要绳撒开。我们做事情之前先要分清楚主次，要将精力放在主要问题上，而不能在一些细枝末节上枉费精力。不分主次的行动是不会取得多少成效的。

千丈之堤，以蝼蚁之穴溃。

译文：长达几千丈的大堤，会因为小小的蚂蚁洞而崩溃。一些原本看起来的小问题也可能是铸成大错的重要原因，所以我们一定要防微杜渐，不要因为小事情而造成了大的失误。在品格修养方面尤其如此，千万不能让一些坏习惯影响我们整个人生的发展。

诚有功，虽疏贱必赏；诚有过，虽近爱必诛。

译文：确实有功劳的话，就算是平时疏远、身份低贱的人也要奖赏；确实有过错的话，就算是和自己关系好，又非常喜欢的人也要惩罚。"法不阿贵"，只有赏罚分明，才能保证法律的权威。

和氏之璧，不饰以五采［彩］。

译文：和氏璧不用五彩来装扮，自有一种神韵。保持自己的淳朴神韵，就是一种特别的美。自身有能力和才华的人不需要借助外物的修饰也能引人注目，只有那些无才无德的人才总要以言语来给自己作修饰。

事有举之而有败，而贤其毋举之者。

译文：事情去做了却不成功，但这也胜过不去做的。我们做事情不能总是犹豫不决、畏首畏尾。要记住，行动比结果更重要，如果总是担心失败而不肯去行动，那永远也没有成功的机会。

世有不可得，事有不可成。

译文：世间总有得不到的东西，也总有办不到的事。所以不要把事情的成败得失看得太重，为人应该保持一颗平常心。

火形严，故人鲜灼；水形懦，人多溺。

译文：火的形态看起来是严酷的，所以很少有人被灼伤；水的形态看起来是柔弱的，所以经常有人淹死。外表的东西是很靠不住的，我们不能被它们蒙蔽，而应该时刻保持理性的分析和判断能力。

不以智累心，不以私累己；寄治乱于法术，托是非于赏罚。

译文：不因过度思考使内心疲惫，不因个人私欲而令自身受害；依据法令和权谋来治理国家，通过赏罚来彰显是非。法律是治理一个国家最好的手段，有了它，社会秩序才不至于混乱，人们的生活也才有保障。

听不参，则无以责下；言不督乎用，则邪说当上。

译文：君主听言不加以检验，就无法责求臣下；不督促说话是否切合实际，邪说就会迎合君主。所谓"上梁不正下梁歪"，君主只有先保持良好的德行，反省自己的不良行为，臣子们才会效法和遵循。

民之轨，莫如法；厉官威民，退淫殆，止诈伪，莫若刑。刑重，则不敢以贱易贵；法审，则上尊而不侵。

译文：统一人们的行为规范，没有比法律更好的；整饬官吏，威慑民众，消除荒淫怠惰的行为，禁止欺诈虚伪的风气，没有比用刑更好的。法律是管理国家的最好工具，任何时候都不能偏废。

不为小害善，故有大名；不蚤［早］见示，故有大功。

译文：不被小事妨害自己的长处，所以能取得大名；不过早显示自己的才能，所以能成就大业。成大事者应该将眼光放长远一些，不要总在小事上斤斤计较，也不要总是夸耀自己的才华。

夫物者有所宜，才者有所施，各处其宜，故上下无为。

译文：世间万物都各有特性，不同的才能有不同的施展方向，令有才干者各得其所，所以君主就可以无为而治。每个人都有自己的特长和优势，只要清醒地认识自己，恰当地定位自己，就总会有用武之地。

一手独拍，虽疾无声。

译文：一只手击掌，即使再用力也不会有声音。比喻一个人或单方面的力量难以办事。所以我们在做事情的时候一定要学会与人合作，发挥团体的智慧和力量。

虚静无事，以暗见疵。

译文：保持虚静无为的状态，往往会从隐蔽的角度得知他人的行为漏洞。遇事保持冷静，我们才能想出解决问题的方法，惊慌和焦虑是于事无补的。

人行事施予，以利之为心，则越人易和；以害之为心，则父子离且怨。

译文：一个人做事和帮助人时，如果一心考虑对别人有利，那么与疏远的越国人也能和谐相处；如果一心考虑是否对自己有害，那么父子之间也会分离和仇怨。我们一定要尽量帮助别人而不要总想着算计别人。

工人数变业则失其功。

译文：做工的人老是改变自己的行业就作不出成绩来。对于一个人的成功来说，恒心和毅力是很重要的因素。没有长期的努力和积累，我们就很难在某些方面积累经验，这样，成功的概率就会大打折扣。

墨家

【概况】

在现今，人们一提起自然科学研究，马上就会想到西方的阿基米德、爱因斯坦、爱迪生、居里夫人……的确，这些人物在科学研究领域作出过杰出的贡献，深远地影响了人们的生活。可是，你知道吗？在中国的春秋时期，比阿基米德进行各种物理实验还早 200 多年的时候，中国就有人已经在做同样的事情了，甚至研究得更加深入。他研究了几何光学、杠杆原理、声音传播，还善于制造各种机械。这个人就是墨家学派的墨子。

墨家是诸子百家之一，约产生于战国时期。创始人就是墨子。墨家是一个纪律严密的学术团体，其成员到各国为官必须推行墨家主张，每个成员所得的俸禄也必须交公。墨家学派有前后期之分，前期思想主要涉及社会政治、伦理及认识论问题；后期墨家在逻辑学方面有重要贡献。

墨家学派的代表人物墨子是我国最早的科学家之一，也是哲学家。虽然他懂得各种各样的技术，但他认为技术是为保卫和平、抗击侵略服务的。所以人们对他"兼爱""非攻"的思想更有印象，也更加敬佩。他反对战争，为了宋国不被楚国侵略，他奔走数千里，劝服楚王收回出兵的命令。他爱世人，不计远近亲疏，不分老少贵贱，他眼中没有国籍和等级的分别，只有人类共同的命运。所以后世人们把他和孔子并称为"孔墨"，当时有"非儒即墨"之说。他的学说也融进了民族的血液，成为我们爱好和平、团结互助等高尚品德的古老渊源。所以说，墨子的思维与当代的科学、民主、安宁、泛爱、重视民生的看法如出一辙，这是很具有前瞻性和影响性的。

和孔子一样，墨子的弟子和再传弟子也将墨子的言论总结成了《墨子》一书。《墨子》分两大部分：一部分主要反映了前期墨家的思想，包括墨子言行；另一部分称作墨辩或墨经，是后期墨家的思想，着重阐述墨家的认识论和逻辑思想，还包含许多自然科学的内容。

墨子的伟大思想也为他带来了很多美誉，鲁迅称他为"中国的脊梁"，胡适认为，墨子"也许是中国出现的最伟大的人物"，梁启超则感叹："欲救中国，厥惟墨学！"

【名句】

事无终始，无务多业。

译文：办一件事都不能善始善终，就不要做许多事。与其什么事情都去尝试一下却不能善始善终，还不如专心做好一件事情。如果总是凭着自己的兴趣，"三天打鱼两天晒网"，什么事情也办不好。

谋而不得，则以往知来，以见知隐。

译文：考虑问题无法得出结论的时候，就从过去的推知未来，从已经显现的推知尚不知的。谋略的关键，在于推断，而推断的关键，在于把握信息。同样的信息到了不同的人手中，含义就不一样，这就是谋略深浅的区别。

士虽有学，而行为本焉。

译文：读书人就算有学问，也当以行动为本，不要空谈夸耀。把书本上的道理变成行动，才是值得欣慰的事情。

政者，口言之，身必行之。

译文：从政的人，说什么，就要去做什么。言行一致，才能取信于民；取信于民，才能推行正道。但是很多政客，都是语言的巨人，行动的矮子，所以不受人尊敬。

贫者见廉，富者见义。

译文：一个人贫穷的时候，最能看出他是否清廉；一个人富贵的时候，最能看出他是否仁义。因为贫穷而贪污或者盗窃，因为富贵而挥霍或者清高，这都不是君子所为。

是故置本担心者，无务丰末。

译文：所以底子树立不牢的，不要期望有繁茂的枝叶。地基没打好是建不成高楼的，同样的道理，一个人的基础不牢固，就不可能干好大事。因而，要想成才，夯实基础很重要。

志不强者智不达。

译文：意志不坚定的人，他的智慧也就无法充分发挥。坚持下来，志向毫不动摇，我们的才华也就能在坚持的过程中慢慢地展现出来了。坚持，就是给潜能一个施展身手的机会。

万事莫贵于义。

译文：没有什么比道义更加可贵的了，人之所以有君子小人之分，不在于财富，也不在于容貌，而在于是否讲道义。道义是社会的保护伞，没有了它，人将失去道德的庇护，陷入是非纷争。

爱人者，此为博焉；利人者，此为厚焉。

译文：关爱别人，这是最为博大的；使别人受益，这是最为深厚的。关心和爱护别人，多为他人着想，这是为人的美德。它能让我们在心胸变得开阔的同时，人缘变得好起来，这样的人，才更容易成功。

凡言凡动，利于天鬼子民者为之；凡言凡动，害于天鬼子民者舍之。

译文：言论和举动，凡是有利于上天鬼神与子民的就做；言论和举动，凡是有害于上天鬼神与子民的就舍弃。为人不能太自私，要从大局考虑，多为别人着想。

太上无败，其次败而有以成，此之谓用民。

译文：最好是不失败，其次则是失败了还有争取胜利的想法，这才叫善于用人。失败并不可怕，可怕的是失败一次之后就丧失了奋斗和进取的信念，从此一蹶不振。聪明的人会从失败中汲取经验教训，继续前进。

是故君子自难而易彼，众人自易而难彼。

译文：于是君子严于律己、宽以待人，平凡的人却宽以待己、严于律人。君子总能完善自己的道德修养，严格要求自己却不苛责别人，小人则相反。我们在为人处世时一定要以君子的标准要求自己。

是故江河不恶小谷之满己也，故能大。贤人者，事无辞也，物无违也，故能为天下器。

译文：于是江河不厌弃小河的水来贯注，就能汇成巨流。被称为贤人的人，不推辞难事，不违背事物的常理，于是能成为天下的大人物。成功都是靠长期的积累得来的，所以我们应该从现在开始，为自己的成功积累资本。

是故天地不昭昭，洪流不漻漻，大火不燎燎，王德不尧尧者，乃千人之长也。

译文：于是，天地不夸耀自己的光亮，洪流不夸耀自己的清晰，大火不夸耀自己的炎烈，有德之君不夸耀自己道德的高远，这样才能做众人的领袖。真正有才有德的人是不会夸夸其谈的，但他们的魅力是不可抵挡的。

名不徒生而誉不自长，功成名就。

译文：名声不是凭空发生的，赞誉也不会自己增长，只有成就了功业，名声才会到来。名声和荣誉从不会自天而降，想要获得名声，就必须有所作为，这是一个浅显的道理。

百工从事，皆有法所度。今大者治天下，其次治大国，而无法所度，此不若百工辩也。

译文：百工做事，都有一定的规则可以权衡。而今大到治理天下，小到治理大国，却没有法度来权衡，这就是还不如百工了。"没有规矩不成方圆"，每一个行业都有自己的规范和规则，治理国家也不能例外。有良好的规则，社会的正常秩序才有保障，人民的自由才能得到保障。

爱人利人以得福者有矣，恶人贼人以得祸者亦有矣。

译文：关爱别人因而得福的人有，憎恶别人、摧残别人因而得祸的人也有啊！好的行为决定了好的结果，坏的行为只会导致坏的结果。我们一定要走出憎恨别人的误区，多去关爱和理解别人，只有这样，我们才能收获幸福。

故备者，国之重也；食者，国之宝也；兵者，国之爪也；城者，于是自守也。

译文：于是，储备是国度最重要的事；粮食是国度的宝贝；武器是国度的利爪；城池是防守国度的屏蔽。同样的道理，合理的知识储备是一个人成功的重要因素。

为其所难者，必得其所欲焉。未闻为其所欲，而免其所恶者也。

译文：纵然做很困难的事情，也必定能到达目标，没听说过想到达自己的愿望，而能回避困难的。做事总不可能一帆风顺，困难是不可避免的，只有经受磨砺，克服困难，我们才能走向成功。害怕和回避困难的人是不可能实现自己的理想的。

 兵家

【概况】

每个人都是有个性和思想的，面对同样的事情，每个人作出的反应都不尽相同。我们在现实生活中如此，古人在遇到事情的时候也是这样。我们都知道，春秋战国时期是一个诸侯林立、战乱和纷争不断的年代，面对这样的社会形势，以孔子为代表的儒家学派选择了从思想和道德修养方面寻求解决之道，而与他几乎同时代的兵家学派，主张加强国家的军事实力，用谋略战胜敌手。儒家和兵家的这两种思想，被后人形象地概括为"文治"和"武治"。前面我们已经对儒家学派的主要思想进行了简单的介绍，现在就来了解一下兵家吧。

兵家是中国先秦、汉初研究军事理论、从事军事活动的学派，为诸子百家之一。根据研究对象的不同，这个学派又分为兵权谋家、兵形势家、兵阴阳家和兵技巧家四类。春秋战国时代，诸侯之间不断爆发战争，为了总结军事方面的经验教训，研究制胜的规律，许多有智谋的有识之士纷纷研究军事方面的问题，于是形成了兵家。兵家主要代表人物有孙武、孙膑、吴起、张良、韩信等，比较有名的兵家著作有《黄帝阴符经》《六韬》《孙子兵法》《孙膑兵法》等。虽然主张以军事实力取胜，但兵家学派的人并非都是好战之徒。

孙武是兵家的代表人物，他虽然久经战场，立下了赫赫战功，但他不是一个好战的人，甚至可以说，他是一个有着大爱、比普通人都更珍惜生命的人。在他看来，最好的兵法就是尽一切力量避免战争流

血，不战而全胜。他写下了著名的《孙子兵法》一书，在书中阐释了他的主要军事思想，孙子也以其卓越的军事才干和智慧而被后人尊称为东方兵学的鼻祖。

孙子的军事思想和智慧主要表现在用谋略上。"运筹帷幄之中，决胜千里之外"，谋略让我们掌握未来的不可知；"不战而屈人之兵，善之善也"，谋略让我们将损失减到最小；"故善战者，致人而不治于人"，谋略让我们随时把握主动……

《孙子兵法》不仅是古代军事家的必读书本，对现代社会所产生的影响也是不可估量的。如今很多商业人士开始重视孙子处理战争的智慧，创造了商业上的奇迹。即使是一般的人，将《孙子兵法》用在处理人生的各种困难上，也会更加游刃有余。

【名句】

善出奇者，无穷如天地，不竭如江河。

译文：善于出奇制胜的人，其战术谋略如天地变幻无穷，如江河奔流不竭。这句话出自《孙子兵法·兵势篇》。

善守者，藏于九地之下；善攻者，动于九天之上。

译文：善于防守的人，能将自己极其深秘地隐藏起来；善于攻打的人，能够像高天霹雳一样行动迅速。这句话出自《孙子兵法·军形篇》。句子中的"九地"形容极其深，"九天"形容极其高。

知彼知己，胜乃不殆；知天知地，胜乃不穷。

译文：既了解敌人，又了解自己，就能够胜而不败；懂得天时和地利，就能够取得无穷的胜利。这句话出自《孙子兵法·地形篇》。

小敌之坚，大敌之擒也。

译文：力量小的一方，如果仅凭着力气与敌方死拼，必然会被力量大的一方擒获。说明在劣势情况下不可与敌硬拼，应根据敌我双方兵力对比的不同而采取不同的战法。这句话出自《孙子兵法·谋攻篇》。

不战而屈人之兵，善之善者也。

译文： 不发动战争就能让对方屈服，这才是上等的智慧。孙武认为战争只有一个目的，那就是让对方屈服，如果能够不让士兵流血、生灵涂炭，那为什么还要流血牺牲呢。战争只是最直接的解决方式，但不是唯一的方式。

兵非贵益多也，惟〔唯〕无武进，足以并力料敌，取人而已。

译文： 打仗并不是人越多越好，只要不轻视敌人，不贸然进攻，并且集中兵力，掌握好敌情，选拔好人才，就可以取胜。这句话出自《孙子兵法·行军篇》。

善用兵者，避其锐气，击其惰归，此治气者也。

译文： 善于统兵打仗的人，总是会避开敌人的锐气，等到敌人的军队松懈下来收兵的时候再去攻击，这是掌握军队士气的办法。这句话出自《孙子兵法·军争篇》。

是故胜兵先胜而后求战，败兵先战而后求胜。

译文： 所以说能打赢仗的军队是先赢得了胜利的机会和因素，再投入作战；而失败的军队，总是先投入到作战中，再寻找胜机。计划对于人生来说，如同阳光和空气一样，必不可少。

兵贵胜，不贵久。

译文： 打仗贵在速战速决，而不在于持续了多久。因为越久就越容易有伤亡，只要能战胜，就要尽最大的可能减少伤亡。明确目的，才能少走弯路。

善战者之胜也，无智名，无勇功。

译文： 善于用兵取胜的人，靠的并不是机智，也不是勇敢，而是不给敌人制造机会，如此而已。孙子认为，只要不失误，就能把握住胜利的机会。制造失误，就是在给对手胜算。

上兵伐谋，其次伐交，其次伐兵，其下攻城。

译文：用兵的上策首先是从谋略上战胜敌人，其次是在外交上争取敌人，再次是在进攻的方式上胜过敌人，最后才是大开杀戒攻打城池。这也体现了孙子"不战而屈人之兵"的思想。

善战者，立于不败之地，而不失敌之败也。

译文：善于用兵的人，先能让自己立于不败之地，又能不失掉打倒对方的机会。如果只是防守而没有进攻，就很难速战速决，所以把握最佳进攻时机，是兵家的关键。

攻其不备，出其不意。

译文：在别人没有防备的时候进攻，在对方没有预料的情况下出击。这种思想也常常被用于竞争，只有出其不意，才能旗开得胜。

佯北勿从，锐卒勿攻。

译文：假装失败的军队不要追赶，实力雄厚的队伍不要主动进攻。打仗的时候有很多的假象，一招不慎就会满盘皆输，所以一定要弄清楚情况再行动。

第二章

研诵经典：砥砺文明修身

 《周易》

【概况】

21 世纪以来，中国掀起了一股强劲的国学之风，国学在沉寂了近百年之后，再一次被人们重视。而说到国学，我们就不得不说说《周易》，《周易》在中国历史文化中占据着重要的地位，诸子百家等学派、道教等宗教，无不从易经八卦中吸取着智慧。

在现代人看来，《周易》是一本深刻而难以读懂的书，谁要是能领会《周易》中大部分的内容，就完全可以称之为大学者了。只可惜，无论是在我们的生活中，还是在当前的学术领域，能将《周易》理解得很透彻的人确实是少之又少。

《周易》中蕴含的哲理和智慧是非常多的，就连我们古时伟大的思想家和教育家孔子都曾经说过："加我数年，五十以学《易》，可以无大过矣。"意思是说："假如再给我一段时间，从五十岁的时候开始学习《易》，我的人生也就不会有什么大的过错了。"《周易》堪称我国文化的源头，全书内容极其丰富。在古代，人们常利用它来预测未来、决策国家大事、反映当前现象。在中华文明的进程中，它对中国几千年来的政治、经济、文化等各个领域都产生了深刻影响。

《周易》中蕴含着朴素的辩证法思想，讲述着宇宙万物与人类社会的变易法则。在它笔下，天、地与人无不包含一阴一阳的矛盾双方，"阴阳接而变化起"，"刚柔相推而生变化"，整个宇宙都在奔流不息地变化着，没有一刻是停止的。不少哲学家、思想家、科学家都从《周易》中汲取思想营养，锻炼自己的辩证思维能力。

【名句】

君子以见善则迁，有过则改。

译文：君子应见善行则迁徙顺从，有过失则改正。真正的成功者总能清醒地认识自我的优势和不足，善于从别人身上发现成长的力量。他们看到别人有好的地方时，就会去积极学习，看到别人有所不足时，就会引以为戒，不断完善自身。这种良好的行为是值得我们每个人学习的。

羝羊触藩。

译文：脾气暴躁的公羊会把角别在篱笆里。不管在什么时候，我们都要学会自控。尤其是到了非常强盛的时候，一定要加倍小心，凡事都要谨慎，要多思考，切不可莽撞行事，否则就会像触藩的羝羊那样，陷入进退两难的境地。

君子藏器于身，待时而动。

译文：君子要不断积累才能，等到有利的时机就发挥出来。对于一个想获得成功的人来说，机遇很重要，但把握机遇的能力更重要。机会只照顾有准备的人，在机会来临之前，我们先练好自己的能力，这样才不会错失良机。

时止则止，时行则行，动静不失其时，其道光明。

译文：应该止的时候停止，应该行动的时候行动，行动与停止不失时机，这样其道才能光明畅通。我们在做事情的时候应该掌握好分寸，要对事情的各个方面多了解一些，这样，我们才不会错过最好的时机，也才能充分利用好能使我们成功的机遇。

一阴一阳谓之道，继之者善之，成之者性之。

译文：阴阳相互作用，就是天地间的规律，集成这种法则就是好的，使其成为人的规律，那就是天赋秉性。阴阳相济是中国文化的核心，《周易》就是六经中的核心。读懂了它，也就能明白很多传统文化的奥妙了。

方以类聚，物以群分，凶吉生矣。

译文：天地间的事物是按照同类相聚这一原则来划分的，凶吉祸福就在这中间了。今天我们说物以类聚、人以群分，也是来自这里。和优秀的人在一起是吉，和懒惰放纵的人在一起则是凶。

君子以多识前言往行，以畜［蓄］其德。

译文：君子应当广泛学习前人的品德言行，以培养自己的品德，成就自己的人格。人无完人，每个人在品德和教养方面都可能存在着这样那样的缺陷，保持谦虚的态度，树立好的榜样，能让我们自己在不断学习和借鉴的过程中得到提升。

君子以自昭明德。

译文：君子要不断地进行道德修养，彰显自己本来就已经具有的光明德性。培养良好的道德不仅是我们人生中的一门必修课，也是个人走向成功的重要条件。不断加强道德修养，培养高情商，才能使我们的行为不偏离正确的轨迹。

尺蠖之屈，以求信也；龙蛇之蛰，以存身也。

译文：尺蠖尽量弯曲自己的身体，是为了伸展前进；龙蛇冬眠，是为了保全性命。动物甘愿忍受暂时的委屈，是为了积蓄力量，以便更好地发展。所以在有些时候，我们也要学会退让和忍受，只有这样，我们才能将自己的能力发挥到最大。

吉人之词寡，躁人之词多。

译文：老实敦厚的人话少，浮躁虚妄的人话多。谨言慎行是中国人的做人哲学。夸夸其谈或是过于张扬的人总是难以赢得别人的好感。所以，我们在说话和做事前，一定要多思考、多体会，切不可鲁莽行事。

天行健，君子以自强不息。

译文：君子应该像天宇一样运行不息，即使颠沛流离，也不屈不挠。古人看到天空昼夜不停地转动，日月星辰都附着在上面，就认为天空的特性是"强健"，人也应该像永恒转动的天空那样，奋发有为，生命不已，奋斗不止。

二人同心，其利断金；同心之言，其臭如兰。

译文：同心协力的人，可以把坚韧的金属弄断，同心同德的人，他们的言语像兰花的香味一样令人容易接纳。个人的能力是有限的，但如果很多人齐心协力，就能生发出无穷的力量。所以，我们在生活和学习中都应该学会与人合作，发挥集体的优势。

《三字经》

【概况】

在个人的成长过程中，启蒙教育的作用是不容忽视的，现在的人多认为，良好的启蒙教育能让一个人赢在起跑线上，并让人受益终生。现代人接受启蒙教育的场所主要就是幼儿园，主要方式就是多阅读一些图文并茂的书籍或是观看一些影音作品。那么在古代呢？古代没有幼儿园，更没有现代影像设备，那他们小时候的启蒙教育是怎样的呢？

《三字经》顾名思义，就是三个字三个字来读的一本经典，比如"人之初，性本善，性相近，习相远"。这样三个字一句，读起来朗朗上口，也便于孩童跟着大人复述、背诵。相传，它是南宋时一位名叫王应麟的学者编写的，共一千多字，至今已有七百多年历史。

《三字经》作为古代的一本蒙学读物，担负着教育孩童识字、传授知识和讲述伦理道德观念的多重功能。内容的排列顺序极有章法，用典多，知识性强，语言自然流畅，深入浅出，体现了作者重视礼仪孝悌的教育思想。

【名句】

人之初，性本善。性相近，习相远。

译文： 人生下来的时候都是好的，只是由于成长过程中，后天的学习环境不一样，性情也就有了好与坏的差别。对于个人的成长而言，后天的努力比先天的条件更为重要。我们要在后天环境中好好学习，要学会区分善恶美丑，培养自己良好的德行，做一个对社会有用的人才。

玉不琢，不成器。子不学，不知义。

译文： 玉石不经过雕琢，就不能用来做器物。人不学习，就不明事理。玉石原本包裹在其貌不扬的岩石里，只有经过打磨、雕刻、抛光、镶嵌等工序，才能变成无价之宝。人若想成为有用之才，也要经过勤学苦练、承受住各种考验和压力，这样，才能明白什么是美好的品德。

首孝弟〔悌〕，次见闻。知某数，识某文。

译文： 做人首先要做到孝敬父母、尊重兄长，其次才是增加见闻，知道十百千这些数，认识一些文字。不仅古人把品德看得比才能更重要，在当今社会也是如此。人们常说："有德有才是正品，有德无才是次品，无德无才是废品，有才无德是危险品。"这是有一定道理的。道德的好坏，决定着一个人最基本的好坏。

子不学，非所宜。幼不学，老何为。

译文： 小孩子不肯好好学习，是很不应该的。一个人倘若小时候不好好学习，到老的时候能有什么用呢？俗话说得好："少壮不努力，老大徒伤悲。"所以我们应该抓住美好的青春时光，努力学习，为自己积累成功的资本。

　　日士农，日工商，此四民，国之良。

　　译文：读书人、农民、工人和商贩，这合称"四民"，是国家不可或缺的人。有人写文章说中国是"四民社会"，这就是四民的具体含义。在古代，读书人做官，农民种地，工人做工，商贩买卖，构成了一个繁荣的社会。

　　蚕吐丝，蜂酿蜜，人不学，不如物。

　　译文：蚕吐丝可以织成绸缎，蜜蜂酿蜜可以食用，人如果不学习，就会没有能力，这样还不如蚕和蜜蜂。一个人有了一技之长，才有立身之本。学习，正是我们发现自己长处的一个途径。

　　勤有功，戏无益，戒之哉，宜勉励。

　　译文：只要勤学肯定能有收获，只知道游戏是没有益处的。要时刻提醒自己，勉励自己好好学习。读书和学习需要恒心，也要有清醒的认识，随时勉励，随时反省，才能保证正确的方向。

　　为学者，必有初，小学终，至四书。

　　译文：作为一个求学的人，初期一定要打好基础，把小的知识学透了，才可以读四书之类较为深奥的书。任何一个学识渊博的人，他的知识都是一点一点积累起来的。我们在求学的时候，都要经历一个从零开始的过程，只有扎实地打好基础，不断努力进取，才会有所成就。

　　口而诵，心而惟 [维]，朝于斯，夕于斯。

　　译文：（我们在学习时）要一边读，一边用心去思考。只有早早晚晚都把心思坚持用到学习上，才能真正学好。知识的领域是无穷无尽的，在求学的过程中坚持努力是很重要的。眼到，口到，心到，是读好书、学好知识的法宝。只把学习放在嘴上而不经过思考，不去刻苦地、不间断地学习，我们就无法真正掌握知识。

　　读史书，考实录，通古今，若亲目。

　　译文：阅读历史书和历朝的实录，就能博古通今，好像亲眼看到过历史一样。读书能增加我们的知识面，拓展我们的视野。虽然没有去过汉、唐，但是读古人的书，就像亲眼看到过汉、唐的盛世一样。因此古代有很多饱学之士，都能对历史了如指掌。

头悬梁，锥刺股，彼不教，自勤苦。

译文：晋朝的孙敬读书时把自己的头发拴在屋梁上，以免打瞌睡。战国时苏秦读书每到疲倦时就用锥子刺大腿，他们不用别人督促而自觉勤奋苦读。自觉而刻苦地学习是一个人学有所成的重要条件。学习是我们自己的事情，任何人都无法代替我们去努力，只有通过自己的努力才能学到。

若广学，惧其繁。但概说，能知源。

译文：天下的学问有很多很广，如果面面俱到就会很难下手。但如果能够提纲挈领地学习，就能明白学问的根源。罗马不是一天建成的，同样，一个大学问家不是一天学成的。做任何事情都要一步一步来，学习也要从根本开始。《三字经》就是一本概说形式的书，读完它，就能开始其他的国学经典阅读了。

《百家姓》

【概况】

我们每个人都有名有姓，我们都知道，自己的姓是根据父母而来，名字是父母取的，那父母的姓，又是从哪里来的呢？人为什么要重视姓氏？要回答这些问题，就要读《百家姓》。

《百家姓》是一本记载着我国大部分姓氏的一本书，但不是包括了中国所有的姓氏。百家姓的排名只是名义上的，在中华民族的大家庭中，姓氏远远不止这些。并且，书中的姓氏顺序不是依照人口数量来排列的，而与时代背景相关。整体来说，这本书为人们在历史的沿革中寻找宗脉源流，认识自我与家族来龙去脉的历史提供了重要的文本依据。

《百家姓》成书于北宋初年，原收集中文姓氏 411 个，后增补到 504 个，其中包含有 444 个单姓，60 个复姓。全书采用四言体例，句句押韵，虽然它的内容没有文理，但读来顺口，易学好记，与《三字经》、《千字文》相配合，成为我国古代蒙学中的固定教材。2009 年，《百家姓》被中国世界纪录协会收录为中国最早的姓氏书。

【名句】

赵钱孙李　周吴郑王

译文：这是《百家姓》中的八大姓，为什么要拿"赵钱孙李"这几大姓来开头？据说，这是由于《百家姓》是在宋朝所编，而宋朝是赵家的天下，为了表示对皇帝的尊敬，"赵"成了众姓之首。又因为宋时吴越王的后裔［钱氏］居浙江，所以，"钱"姓便排列第二，钱的妃子姓孙，借钱氏之威势，"孙"又排在第三。而"李"姓排在第四，大约是南唐皇族为李氏之故。

东郭　东门　西门

译文：这些姓氏是《百家姓》中以住地的方位为姓氏的代表。东郭，原是指外城的东墙附近。齐桓公的后裔中有住在临淄城东外一带的，被称为东郭大夫，后人便以东郭为姓氏。东门，出于姬姓。鲁庄公有子叫公子遂，字襄仲，家住曲阜城东门旁，人称东门襄仲。其后以东门为姓氏。西门，春秋时，齐国和郑国都有公族大夫住在都城的西门附近，人称西门氏，有的后人便以西门为姓氏。

司徒　司空　亓官　司寇

译文：《百家姓》中的这些复姓是以职业或官职为姓氏的代表。

"司徒"和"司空"原是上古时代的官名。司徒一职在尧、舜时就开始设置，一直延续到秦汉时期。"司空"据传则为上古时专管天下水利工程建设的官职，当尧在位时，大禹的官职就是司空。大禹的子孙中，有人以此为姓氏。亓官是春秋战国时期专门掌管笄礼的官。司寇是西周时开始设置的掌管刑狱、纠察等事的官职。这些官职名后来都被人作为姓氏，并且在历史的沿革中流传了下来。

呼延　慕容　宇文

译文：这些姓氏是《百家姓》中以部落的名称为姓氏的代表。呼延原是匈奴族的一个部落。在东晋时，匈奴呼延部进入中原，后来，其汉化后裔以原部落名称再加以汉化的呼延为姓氏。慕容，是鲜卑族首领莫护跋率领部分族人定居今天河北昌黎县后建立的一个新部落的名称，后来，慕容部落的人便以慕容为姓氏。宇文氏是鲜卑部落，据说，东晋时，宇文部落进入并占据中原，此后，部落中的人便以宇文为姓氏。

区　盖　查　曾　单

译文：区作为姓氏时应该读作 ōu（欧），而不是读作 qū。

盖作为姓氏时应该读作 gě（葛），而不是读作 gài。

查作为姓氏时应该读作 zhā（喳），而不是读作 chá。著名武侠小说家金庸先生的本名便是查良镛。

曾作为姓氏时应该读作 zēng（增），而不是读作 céng。如"唐宋八大家"之一的曾巩、清代名臣曾国藩。

单作为姓氏时应该读作 shàn（扇），而不是读作 dān。三国时期著名谋士徐庶化名就为单福，还有隋朝名将单雄信。

蒋　沈　韩　许　秦　鲁

译文：这些姓氏是《百家姓》中以封地名和国名为姓氏的代表。蒋原是国名，大致在今天的河南固始县东北，相传当年周公旦的儿子伯龄被封于蒋这个地方，还建立了蒋国，之后他的后人便以国名为姓。

沈原为国名，相传西周时周文王的儿子受封于深（河南平舆县北），建沈国，其后以国名为姓。韩原来是西晋时期桓叔的儿子万的受封地，后成为他的后人的姓氏。许，出于姜姓，神农氏后裔。周武王封文叔于许，建许国。其后人便以国名为姓氏。秦，出于嬴姓。秦始皇统一天下，建立秦朝。秦灭亡之后，其子孙以秦为姓氏。鲁原是国名，相传周公旦的儿子伯禽受封于鲁（山东曲阜一带），建鲁国。

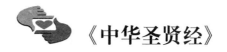 **《中华圣贤经》**

【概况】

中华民族是一个充满智慧的民族，几千年来，先人们经过自己的思考，总结提炼出许多短小精悍、能够发人深省的格言警句，这些智慧的语录遍及修身、养性、为人、处世、立志、求学等各个领域，对后人有极大的规范和指导作用。

提到求知，我们会想到孔子的"知之为知之，不知为不知"，因而我们会不断提醒自己，要时刻保持诚实和谦逊的学习态度；提到立志，我们会以范仲淹的"先天下之忧而忧，后天下之乐而乐"为座右铭，因而我们会不断地鞭策自己"修身齐家治国平天下"，循序渐进地实现自己的理想；提到交友，我们的最理想境界则是"四海之内，皆兄弟"，为此我们会不断警示自己"近朱者赤，近墨者黑"，只有见贤思齐，才会朋友遍及天下。这些智慧名句犹如一面面鲜明的旗帜，为我们在为人处世等各个方面树立了标杆，让我们拼搏进取。

但是，在几千年的历史长河中，中华智慧并不仅仅有这些名句，还有古人总结的大量生活经验和人生智慧，由于出处生僻、作者名不见经传而被人冷落、淡忘。所以，有人就在历代非常著名的作品之外，集结了一些同样是闪烁着智慧光芒的语录，结为《中华圣贤经》，让古往今来的人生智慧名句尽可能多地展现在读者面前。这些蕴含思想性和哲理性的语录对现今的人们而言，是富于启示和指导意义的，可以说，它是当今人们为人处世、修身养性、读书治学的"圣经"。

《中华圣贤经》多按《增广贤文》的形式编纂，但在内容上体现出了时代的进步性，它集聚圣贤名句，荟萃民间妙语，在语言句式上排列整齐严谨，读起来朗朗上口，通俗易懂，较能深入人心。因此，至今仍受到人们的欢迎和喜爱。

【名句】

安详是处事第一法，谦退是保身第一法，涵容是处人第一法，洒脱是养心第一法。

译文： 一个人，处理事情的第一优先方法是沉稳冷静；一个人，遇到危险保全自身的第一优先方法是谦和退让；一个人，与人相处某事的第一优先方法是包涵容纳；一个人，修身养性的第一优先方法是潇洒脱俗。

傲人不如者，必浅人；疑人不肖者，必小人。

译文： 骄傲自大以为别人不如自己的人，必定是一个浅薄的人；怀疑别人没有出息，这种人必定是粗鄙的小人。我们在任何时候，都应该保持谦虚的品格，即使取得了成绩也不能骄傲自满、自视清高。

把意念沉潜得下，何理不可得；把志气奋发得起，何事不可为。

译文： 只要人能专心致志、潜心钻研，没有什么样的道理领悟不到；只要人斗志昂扬、打起精神，没有什么事情办不到。专注是一个人做事成功的重要保障，始终保持斗志是一个人的重要方法。

把自己太看高了，便不能长进；把自己太看低了，便不能振兴。

译文：如果自视甚高，便不会有追求更进一步的动力；如果过分低估自己，就会使自己失去振奋力量的信心。只有正确认识自己，凡事掌握好尺度，做到恰如其分，我们才算是找到了通往成功的门径。

白石如玉，愚者宝之；鱼目似珠，愚者取之。

译文：洁白的石头看起来像宝玉，但只有没有眼力的愚人才会把它当作宝贝；鱼的眼珠子很像珍珠，而只有不加仔细分辨的愚人才会想要得到它。意思是指好与坏的事物经常杂糅在一起，使人难以分辨，如果想要找到正确的，就应当加强认识，仔细分辨。

矮人看戏何曾见，都是随人说短长。

译文：矮子看戏，因为身高不够无法看清台上的情形，对情况不明朗，只有随着别人或褒或贬。我们只有在对事物真正了解后才能发表看法，道听途说则不能妄加评论，否则只能人云亦云。

爱人深者求贤急，乐得贤者养人厚。

译文：爱人深切的人，必定会急于寻求贤能之士的帮助；乐于得到贤能之士的帮助，这种人必定会宽厚地对待他人。每个人都应该学会以己之心去揣度和对待别人。

爱惜精神，留他日担当宇宙；蹉跎岁月，问何时报答君亲。

译文：爱惜精力，留着日后用来担当天下大事；如果虚度光阴，那么什么时候才能够报答恩情。这里的"蹉跎"是虚度光阴，让时间白白浪费的意思。整句话告诫我们应珍惜时间、爱惜精力，把这些都用在正事上。

安分守贫得清闲，持盈保泰须忍让。

译文：本分做人而安贫乐道就能生活得清闲，想要持续保持强势和平安就需要学会忍让。安贫乐道总能找到生活幸福的方法，而喜欢制造事端的人完全是在自寻烦恼，因而我们应该学会忍让，这对个人而言是一种很好的美德。

百尺竿头须进步，十方世界是全身。

译文： （道行造诣虽深）像达到百尺竿头的顶端一样，还须再进一步，才能到达十方世界。比喻人不要满足已取得的成就，还要继续努力，不断进取。

辩者不停，讷者若聋；辩者面赤，讷者屏息；辩者才住，讷者一句；辩者自惭，讷者自谦。

译文： 喜欢辩论的人经常不停地发表评论，大智若愚的人则仿佛是聋子；喜欢辩论的人争得面红耳赤，大智若愚的人则屏住气息，一副气定神闲的模样；等喜欢辩论的人滔滔不绝之后，大智若愚的人只需要一句话，就能让那滔滔不绝的人自惭形秽，而大智若愚的人依然表现得十分谦虚。

事非干己休多管，话不投机莫强言。

译文： 不关自己切身利益的事情就不要多加干涉，如果彼此聊天，观点不能相互契合，那么就不要勉强多说。多管闲事不仅对自己没有好处，还会惹人嫌，与其这样，还不如做好自己的本分；与人的话题合不来，不仅不能增进友情，还会破坏彼此之间的关系，与其这样，不如少说为妙。

事勿忙，忙多错；勿畏难，勿轻略。

译文： 做事不能匆匆忙忙，匆忙时最容易发生差错；当遇到问题时，不要畏惧困难而裹足不前，也不要草率地对待看似简单的事而有所轻慢。我们应养成良好的处事方式和习惯，这对我们的成功而言，是非常重要的。

处富贵之时，要知贫贱的痛痒；值少壮之日，须念衰老的辛酸；入安乐之场，当体患难人景况；居旁观之地，要谅局内人苦心。

译文： 身居富贵时，应当要了解贫贱人家的痛苦；正当年轻力壮的时候，应该想到年衰体弱之后的辛酸；进入安逸欢乐的场所，应当体谅患难中人的境况；处在旁观的地方，应当要体谅局中人的苦心。

大羹必为淡味，至宝必有瑕秽，大简必有不好，良工必有不巧。

译文：最美味的烹饪食物一定是不加任何调料的淡味，最宝贵的美玉一定有瑕疵，最简便的方法一定有不妥之处，技艺精良的工匠一定有他不擅长的方面。意思是指任何好的事物都存在不足之处。大羹指烹制肉汁时不加任何调料，看似没有味道却饱含万种味道，体现了烹调的最高境界，后也指治理国家和写作文章的最高境界。

待有余而后济人，必无济人之日；待有暇而后读书，必无读书之时。

译文：等到自己财物有余的时候才去接济别人，必定没有接济他人的时候；等到有空的时候才去读书，必定没有读书的时候。很多事情都需要时时注意、不断积累，临阵磨枪、临时抱佛脚，是很难办成什么事的。

但是当做的事，切莫畏难；任是难做的事，只要耐烦。

译文：只要是应当做的事情，就不要害怕困难而不敢做；不管有多艰难的事情，只要有耐心，不怕事情烦琐，事情就能做成。勇敢行动是做好事情的第一步，耐心和毅力是做好事情应具备的重要条件。

得时无怠，时不再来，天予不取，反为之灾。

译文：得到了时机就不要懈怠，应当牢牢抓住，时机一旦错过，就不会重来。上天给予的良机，如果不能利用，反而会遭受灾害。要想成功，机遇很重要，但培养自己抓住机遇的能力是更为重要和关键的。

大匠无弃材，寻尺各有施。

译文：对于技艺非常精良的木工来说，在他眼里是没有毫无用处的木料，因为不管是长木料还是短木料，都有其合适的用处。意思是指真正见识高超的人，能够做到物尽其才，不会造成资源浪费。

百闻不如一见，百见不如一干。

译文：听到一百次也不如亲眼见到一次，亲眼见到一百次也不如亲身做一次。后人常用这句话来表示道听途说的事情远没有亲眼见到的可靠，亲眼看到远没有亲身实践可靠。

《菜根谭》

【概况】

乍一看这个书名，很多人都会觉得疑惑，菜根有什么好谈的，不少人还以为这是一本讲述以菜根为主料的做菜的秘籍，或是讲述植物知识的科普读物。其实都不然，这是我国古代的一本讲述待人接物应事方式的格言式小品文集。

《菜根谭》的编写者是明代的洪应明，主要内容涉及修养、为人、处世等各个方面。作者以"菜根"为本书命名，意在揭示"人的才智和修养只有经过艰苦磨炼才能获得"这一道理。全书采用语录体，每一段话的字数不长，但是其中糅合了儒家的中庸思想、道家的无为思想和释家的出世思想，是人生处世哲学的经典之作。

《菜根谭》语言优美简练，文辞对仗工整，同时寓意深邃丰富，耐人寻味，是一部有益于人们陶冶情操、磨炼意志、奋发向上的通俗读物。所谓"咬得菜根，百事可为"，作者的意思是说，如果连菜根都能咽下，还有什么事情办不成呢？所以《菜根谭》也是青少年成长过程中的一本心灵指导书。

至今保存下来的《菜根谭》一书主要有两个版本，一个是明刻版，另一个是清刻版。明刻版来自三峰主人于孔兼的题词，书分前后两集，共360条。清刻版则以光绪丁亥年扬州藏经院木刻本为主。

虽然《菜根谭》并不是一本严谨的学术著作，但其中阐明的诸多为人处世的思想是非常有启示和借鉴意义的，时至今日，人们仍在努力从中挖掘智慧。

【名句】

心体澄澈，常在明镜止水之中，则天下自无可厌之事；意气和平，常在丽日光风之内，则天下自无可恶之人。

译文：心灵纯净、心气平和的人，内心充满了美好的情绪，就像常在天高云淡的天气中一样，人也如同明亮的镜子和宁静的湖水，反射出美好的景象，世界上也就没有什么值得厌恶和生气的事情了。

逸态闲情，惟［唯］期自尚，何事处修边幅；清标傲骨，不愿人怜，无劳多买胭脂。

译文：安逸闲适的心情，仅仅是因为自己的追求，而不是为了讨好别人，又何必处处在意自己的形象；清瘦雅致的气质，从心底散发，不必在意有没有人垂怜自己，也就犯不着多买胭脂水粉来装扮出可人的模样了。

君子之心事，天青日白，不可使人不知；君子之才华，玉韫［蕴］珠藏，不可使人易知。

译文：一个有高深修养的君子，他的心地像青天白日一般光明，没有一点不可告人之事；一个有高深修养的君子，他的才学像珍珠美玉一般珍藏，绝对不轻易让人知道。

势利纷华，不近者为洁，近之而不染者尤洁；智械机巧，不知者为高，知而不用者为尤高。

译文：权力和财势，以不接近这些的人为清白，接近而不受污染就更为清白；权谋术数，以不知道才算高明，知道而不使用就更为高明了。

遇事只一味镇定从容，纵纷若乱丝，终当就绪。

译文：遇到任何事情，只要坚持从容镇定，即使是杂乱如缠在一起的丝线，最后也会理出头绪的。一个人在关键的时候，在危难之中能够保持镇定，不仅是一种可贵的品质，而且是战胜困难、避免危险的重要条件。

栖守道德者，寂寞一时；依阿权势者，凄凉万古。达人观物外之物，思身后之身，守受一时之寂寞，毋取万古之凄凉。

译文：一个坚守道德规范的人，虽然有时会遭受短暂的冷落；可那些依附权势的人，会遭受永久的凄凉。大凡一个胸襟开阔的聪明人，能重视物质以外的精神价值，并且能顾及死后的名誉问题。所以他们宁愿承受一时的冷落，也不愿遭受永久的凄凉。

涉世浅，点染亦浅；历事深，机械亦深。故君子与其练达，不若朴鲁；与其曲谨，不若疏狂。

译文：一个刚踏入社会的青年人阅历虽然很短浅，但是所受各种社会不良习惯的感染也比较少；一个饱经事故而阅历很广的人，各种恶习也随着增加。所以一个有修养的君子，与其讲究做事的圆滑，倒不如保持朴实的个性；与其事事小心谨慎委曲求全，倒不如豁达一点才不会丧失纯真的本性。

交友需带三分侠气，做人要存一点素心。

译文：与朋友相处，应有两肋插刀的豪气；为人处世，要保持一颗天真纯朴的心灵。

恩里由来生害，故快意时须早回首；败后或反成功，故拂心处莫便放手。

译文：被当政者垂恩重用往往会招来祸患，所以一个人从政时不可过分贪恋权位，应抱有见好就收、急流勇退的态度；不过有时遭受小小的挫折，反而会使人走上成功之路，因此遭受不如意的事受到打击时，千万不可罢休，不再继续奋斗。

建功立业者，多虚圆之士；偾事失机者，必执拗之人。

译文：能够建功立业的，大多是谦虚圆通的灵活之人；喜欢惹是生非、错过机缘的，大多是固执己见、不肯变通的人。

争先的径路窄，退后一步自宽平一步；浓艳的滋味短，清淡一分自悠长一分。

译文：众人都在争抢的路会显得格外拥挤不堪，如果选择后退一步，也就能多享受一份宽松；辛辣浓烈的味道虽然刺激，却不能长久地品尝，只有清淡的米饭和水，才是常伴人生的滋味。

面前的田地要放得宽，使人无不平之叹；身后的恩惠要流得久，使人有不匮之恩。

译文：一个人眼前待人处世的态度要放得宽厚些，只有如此才不致使你身旁的人对你有不平的牢骚；至于死后留给子孙与后人的恩泽，则要把眼光放得很远，才会使子孙万代永远怀念。

完名美节不宜独任，分些与人可以远害全身；辱行污名，不宜全推，引些归己可以韬光养德。

译文：不论如何完美的名气和节操，都不要一个人自己独占，必须分一些给旁人，只有如此，才不会惹来他人的怨恨而招来灾害，从而保全生命的安全；不论如何耻辱的行为和名声，也不可完全推到他人身上，自己一定要承担几分，只有如此，才能掩藏自己的智能而多一些修养。

攻人之恶毋太严，要思其堪受；教人之善毋太高，当使其可从。

译文：当责备别人的过错时，不可太严厉，要顾及对方是否能接受，不要伤害对方的自尊心。当教诲别人行善时，不可以希望太高，要顾及对方是否能做到。

忧勤是美德，太苦则无以适性怡情；澹泊是高风，太枯是无以济人利物。

译文：尽心尽力去做事本来是一种很好的美德，但如果过分认真而使心力交瘁，就会使精神得不到调剂而丧失生活乐趣；把功名利禄看得很淡本来是一种高风亮节，但如若过分清心寡欲，对社会人群也就没有什么贡献了。

居卑而后知登高之为危,处晦而后知向明之太露;守静而后知好动之过劳,养默而后知多言之为躁。

译文:先站在低矮处然后才知攀登高处的危险性,先在阴凉处然后才知过分光亮的地方会刺眼睛,先保持宁静的心情然后才知道喜欢活动的人太辛苦,先保持沉默心性然后才知道话说多了很烦躁。

降魔者先降自心,心伏则群魔退听;驭横者先驭此气,气平则外横不侵。

译文:要想制伏邪恶必须先制伏自己内心的邪恶,自己内心之恶制伏之后,一切其他邪恶自然都不起作用。要想控制不合理的横逆事件,必须先控制自己容易浮动的情绪,这样所有外来的横逆之事自然不会侵入。

立身不高一步立,如尘里振衣,泥中濯足,如何超远;处世不退一步处,如飞蛾投烛,羝羊触藩,如何安乐。

译文:立身处世若不能保持超然的态度,就好像在泥土里打扫衣服,在泥水里洗濯双脚,又如何能出人头地呢?处理人世事物若不抱有多留一些余地的态度,就好比飞蛾扑火、公羊用角去顶撞篱笆,哪会使身心感到愉快呢?

处世不必邀功,无过便是功;与人不求感德,无怨便是德。

译文:人生在世不必勉强去争取功劳,其实只要没有过错就算功劳;救助人不必希望对方感恩图报,只要对方不怨恨自己就算知恩图报了。为人应保持一颗平常心,不过多地强求自己和别人,才能在现实生活中获得更多的幸福和满足。

人人有个大慈悲,维摩屠刽无二心也;处处有种真趣咏,金屋茅舍非两地也。只是欲闭情封,当面错过,便咫尺千里矣。

译文:每个人都有一颗善良仁慈之心,连以慈悲为怀的维摩诘和屠夫刽子手的本性也都相同;世间到处都有一种合乎自然的真正的生活情趣,连富丽堂皇的高楼大厦与简陋的茅草屋也没什么差别,可惜人心经常为情欲所封闭，因而就使真正的生活情趣错过，结果造成差之毫厘失之千里的局面。

莫福于少事，祸莫祸于多心。唯苦事者，方知少事之为福；唯平心者，始知多心之为祸。

译文：一个人的幸福莫过于无事牵挂的了，一个人的灾祸没有比疑神疑鬼更可怕的了。只有那些整天忙忙碌碌的人，才知道没有事是最大的幸福；只有那些经常心如止水的人，才知道多心病是最大的灾祸。

地之秽者多生物，水之清者常无鱼，故君子当存含垢纳污之量，不可持好洁独行之操。

译文：大地上有很多污秽腐烂的东西，却因此滋养了世间的生命，有动物也有植物；但是在非常纯净、毫无杂质的水中，很难找到鱼虾，因为水太干净，它们没有食物可吃。因此君子也应该像大地一样，有适当的接纳污垢的气量，而不要总是追求高洁纯美，因此而没有朋友。

帆只扬五分，船便安。水只注五分，器便稳。

译文：只扬一半的船帆的船在航行时更加安全，不容易被风浪突然袭击，又能够凭借风浪前行。只装一半容量水的器皿更加稳妥，水不会因为太满而溢出，也不会因为水不够而摇晃。

不可乘喜而轻诺，不可因醉而生嗔，不可乘快而多事，不可因倦而鲜终。

译文：不要趁着自己高兴时就随便对别人许下承诺，不要因为喝醉酒就不加控制地乱发脾气，也不要因为一时的痛快惹出事端，不能因为感到疲倦而有始无终。任何时候都要学会控制自己，不要在无意中作出一些令自己后悔的事情。

使人有面前之誉，不若使其无背后之毁；使人有乍交之欢，不若使其无久处之厌。

译文：与其得到人前的赞誉，不如做到让人不在背后说长论短；

与其与人有初次见面的欣喜，不如与人长久地相处，而相互不增厌烦。

夜深人静独坐观心，始觉妄穷而真独露，每于此中得大机趣；既觉真现而妄难逃，又于此中得大惭忸。

译文：一个人在夜深人静时，独自静静坐着观察自己的内心，才会发现自己的妄心全消而真心流露，当此真心流露之际，觉得精神十分舒畅，应用自在之机油然而生；若这种真心能常有该多好，可希望之心偏偏难以全消，于是心灵会感觉惭愧不安，到最后才幡然悔悟而有改过向善的意念出现。

第三章

史书：一部大写的"人"字书

 《史记》

【概 况】

谈到司马迁，多数人首先想到的就是"人固有一死，或重于泰山，或轻于鸿毛"这句话。更让人颇感兴趣的是，能说出如此铿锵有力、脍炙人口名句的人会有怎样的传奇人生呢？

中国有五千年的历史，但是在这五千多年中，有很长一段时间虽然有历史记载，但是要么时间上不明确，要么事情上不完整，要么作者不详。从司马迁所著的《史记》开始，中国的历史书就进入了一个规范的时代，人们写历史有就有了一个标准。

的确，司马迁就是这样一位作出了历史性贡献的人物。他是西汉时期伟大的史学家、思想家、文学家，被后人尊称为"史圣"。

司马迁之所以能有此成就与他的勤奋学习、游学经历及人生遭遇有很大关系。他10岁开始读古书，学习极为认真，遇到疑难问题，总是反复思考，直到弄明白为止。20岁那年，他从长安出发，到各地游历，后来回到长安，做了郎中。他不仅陪同皇帝去过很多地方，而且曾出使云南、四川、贵州等地，对民间的风土人情了解得比较深刻。在他父亲司马谈死后，他子承父业，接替做了太史令。后来，他因为兵败的李陵辩护而触怒了汉武帝，获罪被捕，受了宫刑，获赦出狱后又做了中书令。从此发愤著书，全力写作《史记》一书，这本书几乎耗费了他半生的精力，直到他55岁那年才最后完成了全书的撰写和修改工作。然而也正是这本书，让他名留青史。

《史记》是正史二十四史之首，记载了从黄帝开始一直到汉武帝元狩元年之间的三千年左右的历史，是中国历史上第一部纪传体通史。鲁迅称这本书是"史家之绝唱，无韵之《离骚》"。

从体例上来说，《史记》是第一部纪传体的通史，包括8书、10表、12本纪、30世家、70列传，共130篇，526500余字。不仅内容上条理明晰，司马迁的文笔也酣畅淋漓，在众多史书中别具文才。《史记》与后来的《汉书》《后汉书》《三国志》合称前四史。

史记本来是古代史书的通称，《史记》最初叫"太史公书"，或"太史公记"，"太史公"指的就是写历史书的人。从三国时期开始，"史记"由史书的通称逐渐成为司马迁的"太史公书"的专称。

当然，司马迁的著作，除《史记》之外，有一些赋作，可惜由于年代久远，差不多都散失了，只在古代的其他一些著作中还留有些片段。如他的《悲士不遇赋》的片段和有名的《报任安书》就是后人从《艺文类聚》的引征中搜集得来的。这两篇饱含感情的文章都是研究司马迁生平思想的重要资料。

【名句】

仓廪实而知礼节，衣食足而知荣辱。

译文：仓库充实，人民就懂得礼节；衣食丰裕，人民就知道光荣和耻辱。一个国家如果想要繁荣富强，想要在礼仪和道德建设方面有所成效，首先要重视物质基础建设。如果连这最基本的问题都没有解决就去考虑其他，肯定是不现实的。

泰山不让土壤，故能成其大；河海不择细流，故能就其深；王者不却众庶，故能明其德。

译文：泰山不拒绝土壤，所以能高大；河流不嫌弃细小的溪流，所以能深远；为国之君，不推却百姓，就能申明他的美德。的确，只有敢于接纳他人、努力学习别人的优点，才能让自己的力量更加强大。

王侯将相宁有种乎?

译文: 贵族王公大臣们是生来就该享富贵的吗?出身和地位并不是个人能否有所成就的决定性因素。所谓"英雄不问出处",历史上有很多英雄,并非是王侯将相之子。重要的是,你是否具有成为英雄的能力和勇气。

有颜回者好学,不迁怒,不贰过。

译文: 有一个叫作颜回的人非常好学,他从不迁怒于别人,也不会犯两次同样的错误。颜回是孔子最喜欢的学生,因为他能吃苦,并且聪明好学。一个人并不需要超群的智力,只要有出众的品德,就能成为一个了不起的人。

前事之不忘,后事之师也。

译文: 吸取过去的经验教训,可以作为以后的借鉴。聪明的人总是善于从别人以及自己的失败经历中吸取教训,总结规律,这样,不仅能少走很多弯路,而且能节省不少的时间和精力。

好学深思,心知其意。

译文: 好学、深入地思考,才能渐渐领会其中的含义。读书的时候,不仅要用眼,更要用心。为人不好学,肯定不会有大的作为。学习而不经过深入思考,我们就无法将知识转化为自身所有,也就难以真正掌握知识。

渊深而鱼聚之,山深而兽往之。

译文: 深水之中有大鱼,深山之中有猛兽。只有在开阔深邃的地方,才能有杰出的人物出现。所以,一个国家想要吸引人才,就要虚怀若谷,宽大为怀;一个人如果想要结交优秀的朋友,就要学会宽容和豁达。

桃李不言,下自成蹊。

译文: 桃树和李树不会讲话,它们的花香自然能吸引成群的人来观赏。有时候千言万语还不如一个小小的行动。与其总是夸耀自己的成绩，还不如加强自我修炼，以真诚、忠实的品格感染人、吸引人。

当断不断，反受其乱。

译文：做事情不当机立断的话，反而会受到连累。做事情要果断，一个人如果总是迟疑不决，那到最后可能什么事情都做不了。所以在关键的时候，我们一定要当机立断，要有决绝的勇气和魄力。

人固有一死，或重于泰山，或轻于鸿毛，用之所趋异也。

译文：人固然有一死，可有的人的死比泰山还重，有的人的死比鸿毛还轻，这就是使用生命的不同了！出生和死亡是自然的规律，我们无法左右，但能否实现自己的价值、让自己的人生变得更有意义，决定权掌握在自己手中。我们应该珍惜活着的时间，多做一些有意义的事情。

美言可以市尊，美行可以加人。君子相送以言，小人相送以财。

译文：美好的话语可以换来尊敬，美好的行为可以勉励别人。君子用美好的话语相送，小人用财物相送。美好的话语和行为能对人产生正面的影响，催人上进，这些作用是送财物所无法达到的。

不鸣则已，一鸣惊人。

译文：不鸣叫就算了，一鸣叫起来便能惊人。相传南方的土山上有一种鸟，三年不鸣不飞，但一飞便可冲天，一鸣便能惊人。后来人们用这句话来比喻那些有才华的人。这些人虽然平时默默无闻，一旦有了施展才华的机会，就能作出惊人的业绩。

众口铄金，积毁销骨。

译文：这句话的原意是说众口所责，虽坚如铁石之物，也可以熔化；毁谤不止，令人难以生存，而遭毁灭。后来人们用它来比喻舆论作用极大，众口一词，积非成是；流言可畏，能颠倒是非，置人于死地。

燕雀安知鸿鹄之志哉！

译文：燕雀怎么知道鸿鹄的志向呢！燕雀本是小鸟，在此用来比喻那些见识短浅的人；鸿鹄本是天鹅，在此用来比喻有远大志向的人。这句话的意思是说，平凡的人哪里知道英雄人物的志向。我们应当做一个有鸿鹄之志的人。

大行不顾细谨，大礼不辞小让。

译文：做大事的人不拘泥于小节，有大礼节的人不责备小的过错。想要成就大的事业，就应该保持开阔的视野和豁达的心胸，而不能为一些生活小事斤斤计较，花费太多的精力。

千人之诺诺，不如一士之谔谔。

译文：一千个人对你唯唯诺诺，不如有一个人敢于和你直面争论。与其结交那些阿谀奉承的朋友，不如结交那些敢于直言的朋友。善意的直言能促使我们反省自己的言行，从而纠正过错，努力进取。

智者千虑，必有一失；愚者千虑，必有一得。

译文：再聪明再会考虑问题的人，也会有疏忽大意的时候；再愚笨的人，也会有考虑周全的时候。世界上没有完美的人，也没有一无是处的人。为人要常怀谦逊和自信之心，即使聪明也不要妄自尊大，自以为是；即使愚笨，也不必妄自菲薄，自怨自艾。

苦言，药也，甘言，疾也。

译文：不顺耳的话如同良药，甜言蜜语如同病菌。良药苦口利于病，忠言逆耳利于行。我们要虚心接受别人的批评意见，勇于改正。一个人有了过错并不可怕，可怕的是讳疾忌医，只想听甜言蜜语而不愿意接受别人的批评意见，在错误的泥潭中越陷越深。

 二十四史

【概况】

二十四史是我们常说的正史。清代乾隆皇帝钦定了二十四史，包括有：汉·司马迁《史记》、汉·班固《汉书》、南朝宋·范晔《后汉书》、晋·陈寿《三国志》、唐·房玄龄等《晋书》、南朝梁·沈约《宋书》、南朝梁·萧子显《南齐书》、唐·姚思廉《梁书》、唐·姚思廉《陈书》、北齐·魏收《魏书》、唐·李百药《北齐书》、唐·令狐德棻等《周书》、唐·魏征等《隋书》、唐·李延寿《南史》、唐·李延寿《北史》、后晋·刘昫等《旧唐书》、宋·欧阳修、宋祁《新唐书》、宋·薛居正等《旧五代史》、宋·欧阳修《新五代史》、元·脱脱等《宋史》、元·脱脱等《辽史》、元·脱脱等《金史》、明·宋濂等《元史》、清·张廷玉等《明史》。

二十四史记叙的时间，从《史记》记叙传说中的黄帝起，到最后一部《明史》记叙到明崇祯十七年（公元1644年）止，前后历时4000多年，包括历代经济、政治、文化艺术和科学技术等各方面的事迹。

【名句】

廉者憎贪，信者疾伪。

译文：清廉的人憎恨贪婪，诚实的人厌恶虚伪。出自《新唐书》。品行良好的人总是不愿与那些道德败坏的人为伍的，所以我们如果想要结交一些在道德品质方面很优秀的人，首先就要修炼好自己的品德。

人谁无过，当容其改。

译文：谁都有犯错误的时候，要允许别人有改错的机会。出自《新唐书》。人犯了错误之后都希望得到谅解，不仅自己是这样，别人也是如此。所以，我们不仅自己犯了错误要及时改正，还要学会宽容地对待别人。

学者，不患才不及，而患志不立。

译文：学习，不担心能力上不行，而担心没有远大的志向。出自《晋书》。志向是我们对自己的期许，只要能够为这个社会创造美好，任何志向都是了不起的，但是如果一个人的心中没有志向，只是盲目地服从别人的安排，得过且过，这样的人生是没有希望和欢乐的。

行生于己，名生于人。

译文：怎么做取决于自己，得到怎样的名声则取决于别人。出自《北史》。"行生于己"，所以我们可以发挥自己的作用去做好一件事情或者做坏一件事情；"名生于人"，别人说什么是无法强求的，我们也可以不去理会。

天下之务，当与天下共之，岂一人之智所能独了？

译文：天下的事情，应该与天下人共同商量，哪里是一个人的智慧就能解决的。出自《梁书》。即使是再聪明的人也无法独自生活于社会中，无法独立解决所有问题，所以我们应该学会合作，要多听别人的意见，这样，我们才能健康成长。

先谋后事者逸，先事后谋者失。

译文：先谋划好再行动的人会很从容，先行动后才想起来计划的人多会失败。出自《旧唐书》。好的计划是成功的一半。先计划后行动不仅是古代军事作战的策略，也是我们做事的基本要求。

不自满者受益，不知足者博闻。

译文：不骄傲自满的人会得益，不自以为是的人能博闻。出自《隋书》。学海无涯，任何时候都要懂得谦逊，哪怕对一个领域已经有所了解，也要明白了解的只是皮毛而已。

人生不得行胸怀，虽寿百岁犹为无也。

译文：一个人一生中没有明了胸襟博大的含义，他就算活了一百岁也等于短命。出自《南史》。人能相互体谅、相互帮助，人生才有价值，如果心中只有自己，不知道宽容、接纳，这样的人生孤独而乏味，等于没有人生。

独行不愧影，独寝不愧衾。

译文：虽独行独寝，也不做亏心之事。出自《宋史》。良好的教养需要时刻保持，不能因为时间和场合的变化而改变。我们应做一个表里如一的人，坚守自己的行为准则。身正不怕影子斜，这样的人才是坦荡荡的君子。

君子有三惜：此生不学，一可惜；此日闲过，二可惜；此身一败，三可惜。

译文：君子有三件事情是非常可惜的：一是一生不学习；二是浪费时光；三是以失败的结局结束人生。出自《明史》。对我们而言，如果能珍惜时间、好好学习，人生才不会有一败涂地的结果。

积善三年，知之者少；为恶一日，闻于天下。

译文：长时间的积善，知道的人可能也不多；但是一时作恶，天下的人可能就会全部知道。出自《晋书》。有时候，偶尔的一些坏行为也会成为我们人格中的重大缺陷，影响我们的成功，因而，我们应该始终坚持良好的行为。

学不精勤，不如不学。

译文：学习不精通不勤奋，还不如不学。出自《周书》。学习贵在勤奋和坚持，如果总是只求一知半解而不加以深入思考，不懂得坚持与勤奋，那肯定是很难取得好的学习效果。与其枉费时间，还不如多做些其他有意义的事情。

动天之德莫大于孝，感物之道莫过于诚。

译文：感动上天的德行没有比孝更大的，感动万物的方法没有什么比得过真诚。出自《宋史》。懂得孝道是为人的根本，待人真诚是做人的美德。真诚能激发出无穷的力量，帮助人们化解矛盾，消除怨恨。

大丈夫宁可玉碎，不能瓦全。

译文：大丈夫宁做玉器被打碎，不做陶器的完整保全。出自《北齐书》。后来人们用它来比喻宁愿为正义而死，决不苟且偷生。为人应保持高洁的品质和高尚的情操，要坚守正义的原则，而不能随波逐流。

疾风知劲草，严霜识贞木。

译文：在狂风中才能看出草的坚韧，在乱世里方能显出忠臣的赤诚之心。出自《宋书》。恶劣的环境中往往更能看出一个人的品质和能力。想要真正增强自己的能力，就应该多经受历练。

尚俭者开富之源，好奢者起贫之兆。

译文：崇尚节俭的人能够过上富裕的生活，爱好奢侈的人则会一步步走向贫困。出自《魏书》。懒惰成性、奢侈成风的人只能眼睁睁地看着财富从手中流走，这样，即使有再多的财富，最终也只能坐吃山空，只有懂得节俭的人才能守住并创造更多的财富。

迷而知返，得道不远。

译文：能够迷途知返，那么离得道也就不远了。出自《魏书》。人非圣贤孰能无过，人不怕犯错误，怕的是犯了错误却不思悔改。如果意识到自己的过错并能及时改过自新的话，还是能够成就一番事业的。

国之宝器，其在得贤。

译文：一个国家最宝贵的，莫过于贤明的君臣了。出自《北史》。一个贤明的人领导人民，人民就会得福，因此在中国历史上，永远都是在歌颂贤者。成为一个贤明的人，历史就会记住他。

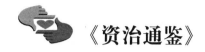

《资治通鉴》

【概 况】

每个人在选书和看书时都有自己的偏好，遇到自己喜欢的书，会爱不释手，而如果不是自己喜欢的，就很难认真读下去。北宋时期，中国历史上出现了一本深受帝王们喜爱的书，自其问世以后，历代帝王将相、各界要人和一些有志文人就争着阅读，并给予它很高的评价，很多政治要人甚至将它作为自己管理国家事务的参考书。这本书就是《资治通鉴》。

《资治通鉴》是北宋时期的文学家、政治家、史学家司马光所主编的一本编年体史书，也是我国的第一部编年体通史。全书共294卷，有300多万字，编写耗时19年。书名的意思是"鉴于往事，资于治道"，即以历史的得失作为鉴戒来加强统治。

《资治通鉴》所记历史横跨中国16个朝代，上起周威烈王二十三年（公元前403年），下迄后周显德六年（公元959年），前后共1362年。这部书按朝代分为十六纪，即《周纪》五卷、《秦纪》三卷、《汉纪》六十卷、《魏纪》十卷、《晋纪》四十卷、《宋纪》十六卷、《齐纪》十卷、《梁纪》二十二卷、《陈纪》十卷、《隋纪》八卷、《唐纪》八十一卷、《后梁纪》六卷、《后唐纪》八卷、《后晋纪》六卷、《后汉纪》四卷、《后周纪》五卷。在全书中，隋唐时期的历史记述较为详尽，有很高的史料价值。整套书的内容以政治、军事和民族关系为主，兼及经济、文化和历史人物评价。司马光写这本书的目的就是通过对事关国家盛衰、民族兴亡的统治阶级政策的描述，来告诫皇帝要懂得治国的道理，也用于让后人思考历史。

【名句】

得财失行，吾所不取。

译文：得到了财富但是行为失态，这样的事情我是不会做的。不取不义之财、做事光明磊落等这些良好的德行是我们自身的无价财富，聪明的人绝不会为了那点有限的钱财而玷污自己的美好德行。

币厚言甘，古人所畏也。

译文：送来大礼，说话甜言蜜语，这样的人是古人所警惕的事情。如果突然有人向你频频献殷勤，就要想一想他是不是有意图了。因为真正的感情不需要华丽的修饰。

兼听则明，偏信则暗。

译文：多听取别人的意见就会变得明白，偏听偏信就会处于狭隘中，如同看不见一样。国家的繁荣并不是只靠君主一人就能促成的，贤明的君主总能多多听取臣下的意见，开阔自己的思路，这样，考虑问题就能更全面些。一个人即使再聪明，思维毕竟有限，所以我们应该多听听别人的意见。

非信无以使民，非民无以守国。

译文：只有讲诚信才能管理好民众，只有民众才能守卫好国家。一个国家的领导者如果丧失了人民的信任，就很难处理好国家的事务；一个人如果丧失了别人的信任，在为人处世时就会遇到很多障碍。

没齿而无怨言，圣人以为难。

译文：一辈子一句怨恨的话也不说，恐怕连圣人也觉得很难办到。抱怨是人的天性，要做到永远不抱怨的确很难。但抱怨总是于事无补的，与其这样，还不如把这些时间花在行动上，切实去解决问题。

秤砣虽小压千斤。

译文：看来一小块秤砣却能压住千斤之重。后来人们用这句话来比喻外表虽不引人注目，实际上起到很大作用。外表并不是衡量一个人的唯一指标，只要我们拥有才华和智慧，同样能成为一个举足轻重的人物。

　　汝知稼穑之艰难，则常有斯饭矣。

　　译文：如果你能了解耕种收获的艰难，也就常能有一碗饭吃了。不懂得珍惜粮食的人，多是因为没有体验过耕种的辛劳，如果曾有过切身的体验，就不会这样了。其实任何事情都是一样，只有体验过，才会真正懂得珍惜。

　　凡人之情，穷则思变。

　　译文：人的本性是在到了没有办法的时候，就要设法改变了。我们必须努力适应环境而不是等着环境来适应自己。与其到了没有办法的时候再被动变化，不如早些就做好应变的准备，未雨绸缪。

　　才德全尽谓之"圣人"，才德兼亡谓之"愚人"，德胜才谓之"君子"，才胜德谓之"小人"。

　　译文：德才兼备称之为圣人；无德无才称之为愚人；德胜过才称之为君子；才胜过德称之为小人。相比于个人的聪明才智，个人的品格修养还更为重要一些。如果一个人能德才兼备更好，但如果才华不足，就一定要努力修炼好自己的道德状况。

　　论至德者不合于俗，成大功者不谋于众。

　　译文：有最高道德的人不会与世俗同流合污，取得大成就的人不会和普通人一起谋划。这是商鞅劝秦孝公变法时说的一句话，意在强调只要变法可以强国、有利于民就好，不必墨守成规。从历史的经验中我们知道，但凡有大成就的人，都有自己独特的见解，不会随波逐流，也不会因循守旧。

　　夫事未有不生于微而成于著，圣人之虑远，故能谨其微而治之，众人之识近，故必待其著而后救之；治其微则用力寡而功多，就其著则竭力而不能及也。

　　译文：没有一件事情不是从微小之处产生而逐渐发展显著的，圣贤考虑久远，所以能够谨慎对待微小的变故予以及时处理；常人见识短浅，所以必等弊端闹大才来设法挽救。矫正初起的小错，用力小而收效大；挽救已明显的大害，往往是竭尽了全力也很难办到。所以我们一定要防微杜渐，在问题还很小的时候就解决它。

凡取人之术，苟不得圣人，君子而与之，与其得小人，不若得愚人。

译文：挑选人才的方法，如果找不到圣人、君子而委任，与其得到小人，不如得到愚人。德行是衡量人才的重要标准，甚至比才华更重要。如果任用小人，不仅不能利用他的才华，还可能给自己带来麻烦。

古之王者不欺四海，霸者不欺四邻，善为国者不欺其民，善为家者不欺其亲。

译文：古代成就王道者不欺骗天下，建立霸业者不欺骗四方邻国，善于治国者不欺骗人民，善于治家者不欺骗亲人。诚信既是做人的根本，也是一个人成就一番事业的保障。丧失诚信的人是很难在社会上立足和发展的。

表曲者景必邪，源清者流必洁。

译文：测量日影以计时的标杆是弯曲的，那么它的影子必定也是弯曲的；如果河流的源头是清澈的，那么河流必定也是清澈洁净的。这句话的主要意思是说，事物的本质决定了它的表现，如果本质不好，表现自然不佳。

第四章

科学：人类智慧的一座"灯塔"

《周髀算经》

【概况】

在世界历史的发展史上，西方世界在自然科学方面取得的成就是有目共睹的，欧拉、开普勒、莱布尼茨、高斯……这些响当当的人物一直被我们铭记并称颂着。可是你知道吗？作为四大文明古国之一的中国，在数学和天文学领域，也曾经是世界的领跑者。而今天我们要讲的这本书，就是古代中国在这些领域中取得的辉煌成果的见证，它就是《周髀算经》。

《周髀算经》简称《周髀》，其中的"周"就是圆，"髀"就是股。这本书不仅是中国流传至今的一部最早的数学著作，同时是一部天文学著作。它在唐代被收入《算经十书》当中，并为《十经》之首。由于缺乏足够的史料，关于此书的作者和成书时间，历来众说纷纭，但一般认为，这本书的成书时间大约在两汉之间或者是西汉时期，也有的说作者为周公。

这本书的内容涵盖数学和天文学领域。在数学方面，书中主要讲述了学习数学的方法、用勾股定理来计算数学问题和比较复杂的分数计算等，其中最著名的要算是关于勾股定理的最早文字记录，即"勾三股四弦五"，也被称为商高定理。《周髀算经》的问世，不仅对中国的数学和天文学产生了深远的影响，给历代的研究者们提供了重要的参考，而且曾传入朝鲜和日本，并在这些地方产生了一定的影响力。

在天文学方面，书中主要阐释了当时的盖天说和四分历法，而且书中所讲述的确定天文历法、揭示日月星辰的运行规律都是简便易行的。更让人惊奇的是，书中还讲述了计算地球与太阳之间距离的方法，由于当时的人并不知道地球是圆形的，加上设备也简陋，算出来的数据与现在的科学测量有很大的差距。但是他们的运算方法是完全正确的，这是古人很了不起的地方。

除此之外，《周髀算经》中囊括了四季更替、气候变化等方面的常识，这些知识不仅给农民的生活作息提供了依据，对合理安排农业生产也是大有裨益的。

【名句】

平矩以正绳，偃矩以望高，覆矩以测深，卧矩以知远……夫矩之于数，其裁制万物唯所为耳。

译文：把矩尺放平可以矫正绳子，把矩尺仰卧放置（让勾直立）就可以用来测量高度，将矩尺倒立可以测深，把矩尺沿水平方向放置可以测量远近……所以说，通过矩尺测算就可以把握万物数量的关系，这样就可以无所不为了。这里主要说的是矩尺在实际中的运用问题。

天圆如张盖，地方如棋局。

译文：天穹就像一个半圆形的盖子，大地好像是一块四方的棋盘。这句话体现的是中国古人的一种宇宙观，即盖天说。在古时，人们对宇宙的了解非常有限，很长的一段时间都坚守着"天圆地方"的观念。后来，在这一基础上，又发展出了"天像盖笠，地法覆盘"的观点，即认为天和地都是圆的，天穹如一个拱圆形的斗笠，大地像一个倒扣着的圆盘子。虽然这些观点在现在看来是错误的，但正是由于人们不断地探索和发现，我们才离真理越来越近。

天不可阶而升，地不可得尺寸而度。

译文：不可以通过台阶和楼梯来测量天的高度，不可以通过尺寸来测量大地的广度。这是《周髀算经》开篇周公向商高询问时，商高说的话。商高虽然没有正面回答周公的问题，但从这句话中可以看出，他已经认识到了天的高度和地的宽广。同时，他并不轻易下定论的这种思想也指导着后来的人继续探索。

故折矩，以为句［勾］广三，股修四，径隅五。

译文：所以把一个矩形对折（即变为两个重合的直角三角形），如果勾长为3，股长为4，那么弦长必定是5。这就是我们平时所说的"勾三股四弦五"，在《周髀算经》中已有关于勾股定理的记载，可见古人的智慧是多么伟大。

 《水经注》

【概况】

在古时候，交通和自然科学都非常不发达，一般的百姓常年只是在自己居住地附近活动，很少会到遥远的地方去。有钱的人家会以马作为主要的交通工具，但也不会频繁往返于遥远的地方，所以古人对于自己生活环境的了解都是非常有限的。但就是在这样的条件中，出现了《水经注》这本以记载河道水系为主的综合性地理著作，实在是难得。

《水经》是我国古代记载河流的专著，在历史上并没有什么名气。而《水经注》是对《水经》的注释，它是中国古代重要的一部地理著作，作者为北魏晚期的郦道元。

《水经注》在《水经》的基础上，详细记载了一千多条河流，并全面而系统地介绍了水道所流经地区的地理、经济、文化等方面的情况，具有较高的地理、历史和文学价值。

在地理方面，《水经注》对我国许多河流、湖泊、沼泽、山岳、动植物的基本情况都有所记载，它所记录的一些政区建置往往可以补充正史地理志的不足。《水经注》不仅讲河流，还详细记载了河流所经的地貌、地质矿物和动、植物，如金、银、铜、铁、锡、汞、雄黄、硫黄、盐、石墨、云母、石英、玉、石材等20余种，岩石19种。还记载了许多古生物残骸化石和遗迹化石。

在文学方面，书中还记录了不少碑刻墨迹和渔歌民谣，文笔绚烂，语言清丽，具有很高的文学价值。

此外，它具有较高的历史价值，后世可以从中了解古代的耕作制度、古代植物种类和植被分布，动物的地区分布及其活动的季节性。而且，书中引用的很多文献，后来都散失了，所以《水经注》又保存了许多资料。

这本书之所以能汇集如此丰富的内容，与郦道元认真的治学态度是分不开的。为了写这本书，他到各地进行实地考察，掌握了大量的一手材料，他翻阅了大量书籍，搜集了无数文献资料，引书多达437种。

在郦道元的执着追求和艰辛研究之下，这本书终于完成，并对后世产生了深远的影响。清朝人刘献廷称此书为"宇宙未有之奇书"，现在的一些学者在进行古代水道变迁、地下水开发、海岸变迁、城市规划等课题的研究时，还是将它作为重要的参考资料。

【名段】

江水

江水又东，迳〔经〕西陵峡。《宜都记》曰："自黄牛滩东入西陵界，至峡口百许里，山水纡〔迂〕曲，而两岸高山重障，非日中夜半，不见日月，绝壁或千许丈，其石彩色，形容多所像类。林木高茂，略尽冬春。猿鸣至清，山谷传响，泠泠不绝。"所谓三峡，此其一也。山松言："常闻峡中水疾，书记及口传悉以临惧相戒，曾无称有山水之美也。及余来践跻此境，既至欣然始信耳闻之不如亲见矣。其叠崿秀峰，奇构异形，固难以辞叙。林木萧森，离离蔚蔚，乃在霞气之表。仰瞩俯映，弥习弥佳，流连信宿，不觉忘返。目所履历，未尝有也。既自欣得此奇观，山水有灵，亦当惊知己于千古矣。"

译文： 江水又向东，经过西陵峡。《宜都记》里说："从黄牛滩向东进入西陵峡，至西陵峡的出口一百里左右，山水曲曲折折，两岸山脉高峻、重重叠叠，不是日中或夜半，看不见日月，绝壁有的有千丈左右，那石头是彩色的，形状大多像一些东西。树木高大茂密，猿鸣特别清越，在山谷中传响，清脆的声音传送不绝。"所说的三峡，这就是其中之一。山松说："常听说峡中水流湍急，记录下来的或口口相传的都是拿恐惧相警戒，不曾有人称赞山水的美丽。等到我来到这个地方，并感到欣喜以后，才相信耳闻不如亲眼所见。那重重叠叠秀丽的山峰，奇特的构造，怪异的形状，本来就难以用语言来描绘。林木阴森肃穆，郁郁葱葱，仰头欣赏，俯身体味，越熟悉越感到好，流连了两天，忘了返回。眼睛所看到的，从未有过。自从高兴地看到这个奇特的景观，山水如果有灵性，也一定会像遇到知己一样高兴。

三峡

自三峡七百里中，两岸连山，略无阙处。重岩叠嶂，隐天蔽日，自非亭午夜分，不见曦月。

至于夏水襄陵，沿溯阻绝。或王命急宣，有时朝发白帝，暮到江陵，其间千二百里，虽乘奔御风，不以疾也。

春冬之时，则素湍绿潭，回清倒影。绝巘（yǎn）多生怪柏，悬泉瀑布，飞漱其间。清荣峻茂，良多趣味。

每至晴初霜旦，林寒涧肃，常有高猿长啸，属引凄异，空谷传响，哀转久绝。故渔者歌曰："巴东三峡巫峡长，猿鸣三声泪沾裳。"

译文：在七百里长的三峡里，两岸都是相连的高山，没有一点断开的地方。重叠的岩石像是屏障一般，遮掩住了天空和阳光，如果不是正午就见不到太阳，如果不是半夜就见不到月亮。

夏天水漫上两岸的丘陵的时候，顺流而下和逆流而上的船只都被阻断不能来往。如果有统治者的命令和紧要的文件需要传达，有的时候早晨从白帝城出发，下午日暮时分就抵达了江陵，这中间 1200 里的路程，即使驾驭奔驰的骏马乘着风而行，也不如船快。

每逢秋天和春天，白色的急流回旋着清波，绿色的深潭倒映着影子。在极高的山峰上生长着奇形怪状的柏树，高高的悬崖上流下泉水成瀑布，急流冲荡在柏树之间。水清，树茂，山高，草盛，实在有很多的情趣和雅味。

每当天刚晴下霜的早晨，树林山涧里一片凄寒寂静，常常有猿猴在高处长长的呼叫，接连不断而凄楚异常，空荡的山谷回荡着响声，悲伤婉转，很长时间才消失。所以有渔人唱道："巴东三峡巫峡长，猿鸣三声泪沾裳。"

《天工开物》

【概况】

实践出真知，想要成为一名有所建树的学者，不仅需要多阅读、多积累书本知识，还要勤于实践、积极思考。明末清初的乡村教师宋应星就以其亲身经历为我们讲述了这样的道理。他不仅是一位博学的科学家、县学教官，还是一位敢想敢做的实践家，他将自己长期积累的生产技术等方面知识加以总结整理，编著了《天工开物》一书。

《天工开物》是中国古代一部综合性的科学技术著作，也是世界上第一部关于农业和手工业生产的综合性著作，外国学者称它为"17世纪中国的百科全书"。书中记载了明朝中叶以前，中国古代的各项技术，包括农业、手工业、砖瓦、陶瓷、机械、兵器、火药、纺织、榨油等生产技术，尤其是详细地记述了机械的生产技术。全书分为上、中、下三卷十八篇。上卷记载了一些栽培和加工方法、纺织和染色技术以及制盐、制糖工艺；中卷内容包括砖瓦、陶瓷的制作，金属的铸锻，以及榨油、造纸方法等；下卷主要记述金属矿物的开采和冶炼及兵器的制造等。而且，全书中附有121幅插图，这些图描绘了130多项生产技术和工具的名称、形状、工序，价值非常珍贵。

《天工开物》文字虽少，记述的内容却极为丰富，书中所记的这些内容都是作者直接观察和研究所得，体现着作者关于人类要和自然相协调、人力要与自然力相配合的观点。这本书问世之后不久，就被翻译成了多种外国文本，留传于海外。

到了清朝，由于清朝政府想要整顿言论，便发起了文字狱。任何有对清朝政府不满的书都会被毁掉，《天工开物》不幸名列被毁书籍当中。民国初年，有人在查找冶炼铜矿的知识时发现了书中提到《天工开物》，他四下搜寻这本书，但是一无所获，又去询问各个藏书家，也没有一个人知道这本书。也就是说在清朝近300年的统治之后，这本书已彻底从中国消失，连知道这本书的人几乎都没有。

后来这个人在一个日本朋友家中，发现了《天工开物》的日文版，后来又在日本的图书馆查到这本书的英文、德文、法文版本。几经周折之后，他终于在法国国家图书馆里找到了《天工开物》的明朝的原刻本，然后重新按照这个刻本，在中国广为印行，《天工开物》才得以重见天日。

【名段】

丹青

凡墨烧烟凝质而为之。取桐油，清油，猪油烟为者，居十之一。取松烟为者，居十之九。凡造贵重墨者，国朝（本朝）推重徽郡人。或以载油之艰，遣人僦居荆，襄，辰，沅，就其贱值桐油点烟而归。其墨他日登于纸上，日影横射有红光者，则以紫草汁浸染灯芯而燃炷者也。

译文：所有的墨都是利用燃烧产生的烟，把这些烟灰凝在一起做成的。用桐油、清油、猪油燃烧产生的烟灰做成的墨，只占总数的十分之一。用松木燃烧产生的烟灰做成的，要占到十分之九。只要说到制造价值贵重的墨的人，宋朝人都推许、看重徽州地方的造墨人。有人因为运送油很困难，就派人在荆州、襄阳、辰州以及沅水一带租房子住下来，收集便宜的桐油将其烧成烟灰再运送回去。这种墨一旦书写在了纸张上，对着日光横射时看有红光，这是用紫草汁浸染的灯芯燃烧而成的。

水晶

凡中国产水晶，视玛瑙少杀。今南方用者多福建章浦产（山名铜山），北方用者多宣府黄尖山产，中土用者多河南信阳州（黑色者最美）与湖广兴国州（潘家山）产。黑色者产北不严南。其他山穴本有之而采识未到，与已经采识而官司厉禁封闭（如广信惧中官开采之类）者尚多也。凡水晶出深山穴内瀑流石罅之中，其水经晶流出，昼夜不断，流出洞门半里许，其面尚如油珠滚沸。凡水晶未离穴时如棉软，见风方坚硬。琢工得宜者，就山穴成粗坯，然后持归加工，省力十倍云。

译文：中国产的水晶要比玛瑙少些。现在南方所用的多采于福建漳浦（当地的山叫铜山），北方所用的多产于河北宣化的黄尖山，中原用的多产于河南信阳（黑色的最美）与湖北兴国（今阳新潘家山）。黑色的水晶产于北方，不产于南方。其余地方山穴中本来就有，而没被发现与采取；或已经发现了并采取，而受到官方严禁并封闭〔例如江西广信（今上饶）地区惧怕宫里派的宦官盘削而停采等〕，这种情况并不在少数。水晶产于深山洞穴内的瀑布、石缝之中，瀑布昼夜不停地流过水晶，流出洞口半里左右，水面上还像油珠那样翻花。水晶未离洞穴时是绵软的，风吹后才坚硬。琢工为了方便，在山穴就地制成粗坯，再带回去加工，可省力十倍。

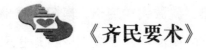

《齐民要术》

【概况】

中华民族创造了灿烂的古代文明，在农业、医学、工业等方面曾一度处于世界的前列。农业文明是中华文明的重要组成部分。这方面的书，除了前面说到的《天工开物》，还有一本需要引起我们的高度重视，那就是《齐民要术》。

《齐民要术》是世界农学史上最早的专著之一，也是中国现存的最早、最完整的农书，作者为北魏时期的贾思勰。书名中的"齐民"，指平民百姓；"要术"指的是谋生的方法。

这本书写于北魏年间，大约成书于北魏末年，至今约有 1400 多年的历史了。北魏之前，国家长期处于分裂割据局面。后来北魏统一了北方地区，社会秩序逐渐稳定，社会经济慢慢恢复，但当时的农业生产还没有达到很高的水平，贾思勰认为农业乃强国之本，于是编写了这本书。全书系统总结了北魏以前黄河中下游地区农牧业的生产经验、食品加工与贮藏、野生植物的利用等，对当时及后来的农业生产影响很大。

《齐民要术》全书共 11 万字，包括序、杂说和正文三大部分。其中正文约 7 万字，注释约 4 万字。正文内容丰富，涉及的范围非常广泛。序中广泛摘引了古往今来的圣君贤相、有识之士对农业的重视，一般认为杂说部分是后人加进去的，不是贾思勰的原著。

【名句】

凡耕高下田，不问春秋，必须燥湿得所为佳。若水旱不调，宁燥不湿。燥耕虽块，一经得雨，地则粉解。湿耕坚口胡格反，数年不佳。谚曰："湿耕泽锄，不如归去。"

译文：耕作地势高的田地，无论春秋，土壤的干湿程度必须恰到好处。如果出现干湿不协调的情况，宁愿等到其干燥也不要等到其湿润的时候（再种植）。在干燥的情况下耕种，虽然土被晒得开裂，一旦下雨，土地干燥的情况就可以得到缓解。在土壤湿润的情况下耕种，不利于耕作，结果只能截然相反，连续数年都不会有好收成。谚语曰："如果土壤中水分太大就不适宜耕作，硬要去做不如回家休息。"这里强调的是农业生产必须讲究耕作方法。

天气新晴，是夜必霜。

译文：天气刚晴下来，当天夜晚一定会落霜。这句话后来成为了人们预测气候情况的重要依据，尤其是在北方地区的秋末冬初，晴天的晚上大气逆辐射弱，气温低。这句话是非常准确而在理的。

一年之计莫如种谷，十年之计莫如树木。

译文：一年中最重要的事情是种谷子，十年中最有远见的事情是种树木。人既要有短期目标，又要有长远的规划，做好了这些，办事情的时候才不至于被动，也才可能成功。

耕锄不以水旱息功，必获丰年之收。

译文：耕地、锄地不因为旱涝而停止劳作，必然会获得丰收的年景。洪灾、旱灾等自然灾害虽然能对农作物造成一定的损害，却不及懒惰和不讲究耕作技术的危害大。如果不勤劳耕作，不掌握正确的耕种方法，那怎么可能获得丰收呢？所以，我们凡事应该先从自己身上找原因，重视自己的主观能动性。

耕而不劳，不如作暴。

译文：耕了地面不把它平整好，那就等于胡闹。农民种地先要把地平整翻新，然后才能播种。在农业生产中，平整土地是耕种的前提和基础，处理不好，就会影响到以后的收成。这一道理对于我们同样是适用的，只要先打好基础，练好基本功，才能有所收获。

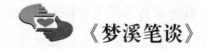

《梦溪笔谈》

【概况】

如今，人们常用"上知天文，下知地理"来形容一个人知识渊博、很有学问。如果以此为标准的话，北宋时期的科学家、政治家沈括绝对算得上一个博学多才的人，因为他写了一本囊括天文、地理、文学、艺术等诸多内容的百科书，书名就叫《梦溪笔谈》。

　　《梦溪笔谈》是沈括写的一本笔记体著作，因写于今江苏镇江的梦溪园而得名。全书分为《笔谈》《补笔谈》《续笔谈》三部分，有609个条目，内容涉及天文、历法、气象、地质、地理、物理、化学、生物、农业、水利、建筑、医药、历史、文学、艺术、人事、军事、法律等诸多领域。全书在这些条目中，属于人文科学，例如人类学、考古学、语言学、音乐等方面的，约占全部条目的18%；属于自然科学方面的，约占总数的36%；其余的则为人事资料、军事、法律及杂闻逸事，约占全书的46%。

　　《梦溪笔谈》是中国科学技术史上的重要文献，英国科学史家李约瑟称它为"中国科学史上的坐标"。书中详细记载了古代的科技成果和沈括自己的研究发现，其中的很多内容都具有开创性的意义。比如，它在数学方面开创了隙积术和会圆术；留下了历史上对指南针的最早记载；精心设计了一个声学共振实验；等等。除了开拓性外，书中记载的知识是很有实用价值的，如趴在地上听马蹄的声音来辨别距离远近等，这些知识有着强烈的现实指导意义。

【名段】

雌黄改字

　　馆阁新书净本有误书处，以雌黄涂之。尝教改字之法：刮洗则伤纸，纸贴之又易脱；粉涂则字不没，涂数遍方能漫灭。唯雌黄一漫则灭，仍久而不脱。古人谓之"铅黄"，盖用之有素矣。

　　译文：馆阁新誊写出来的本子有写错的地方，就用雌黄粉涂抹。我曾经比较过一些改错字的方法：如果刮洗容易损伤纸，贴新纸又容易脱掉；用粉涂字又不能涂干净，要涂几遍才能完全盖住；但是只要用雌黄一涂就涂掉了，而且经久不脱落。古人称这个为"铅黄"，大概用这种方法已有很久了。

登州海市蜃楼

登州海中，时有云气，如宫室、台观、城堞、人物、车马、冠盖，历历可见，谓之海市。或曰："蛟蜃之气所为。"疑不然也。欧阳文忠曾出使河朔，过高唐县，驿舍中夜有鬼神自空中过，车马人畜之声，一一可辨。其说甚详，此不具纪。问本处父老，云："二十年前尝昼过县，亦历历见人物。"土人亦谓之海市，与登州所见大略相类也。

译文：登州的海中，有时会出现别样的云层雾气，就像宫室、台观、城堞、人物、车马、冠盖，这些都清晰可见，被称之为海市。或者说："是蛟蜃的呼吸造成的。"我怀疑不是这样。欧阳文忠曾经被派往河朔任职，在经过高唐县时，在驿舍中的晚上，听到有鬼神从空中经过和车马人畜的声音，所有这些声音一一可以辨别。他的描述特别详细，在这里不具体写。访问本地的乡人父老，他们说："二十年前曾经大白天地（海市现象）经过本县，也是清晰得可以看见那些人和物。"当地人也把它叫海市，这跟登州所见到的大约类似。

月亮是球体

日月之形如丸。何以知之？以月盈亏可验也。

月本无光，尤银丸，日耀之乃光耳。光之初生，日在其旁，故光侧而所见如钩；日渐远，则斜照，而光稍满。如一弹丸，以粉涂其半，侧视之，则粉处如钩；对视之，则正圜［圆］。此有以知其如丸也。

译文：日月的形状像球体。怎么知道的呢？用月亮的盈亏可以证明。

　　月亮本来没有光，就像银质的小球，太阳照射它才发光啊。光开始出现在月亮上时，太阳在它的侧面，所以光亮显示在月球的侧面而且看见的像钩形；太阳渐渐走远，就斜着照在了月亮上，所以月光稍稍变得圆满。就像一个圆球，用粉涂上一半，侧面看它，那么涂上粉的地方就像弯钩一样；正面看它，就是正圆。凭借这个就知道月亮的形状是球体。

第五章

书法：注入艺术灵魂的文字

 小篆

　　小篆也叫秦篆，通行于秦代。形体偏长，匀圆齐整，由大篆衍变而成。小篆的鼻祖——李斯，字通古，今河南上蔡县人，后做了秦相，整理制定了秦代的标准书体小篆。现存于西安碑林的《峄山碑》，系宋代摹刻。所书的刻石多已毁，存世的原石仅两块。

　　在碑刻如林的岱庙里，最珍贵、最有价值的，自然是秦代李斯的小篆碑。此碑历来被视为书法艺术的珍品，其遒劲若虬龙飞动，其清秀如出水芙蓉，举世瞩目，堪称瑰宝。

　　据说，此碑是秦朝丞相李斯奉始皇之命所刻，为其歌功颂德，特立于岱顶玉女池上。明代嘉靖年间，为防止其破损，移于碧霞祠东庑。到了清代乾隆五年，碧霞祠突然失火，火借风势，越烧越旺，李斯碑也因之不翼而飞，下落不明，许多人都为之惋惜。到了嘉庆二十年，喜欢舞文弄墨的泰安新知县汪汝弼上任伊始，就四处张贴告示，悬赏寻碑。

　　不久，一位90余岁的赵氏老翁，在家人的搀扶下来到县衙，对知县说："我是个瓦匠，以前在山顶修玉女池时，见过一截残碑，不知是否是大人所寻之物。"老翁把碑的形状、字迹等情况一一作了介绍，说："那截残碑当时被人扔进玉女池，望大人差人前往探查。"知县听了赵翁的介绍，估计十有八九是那丢失的李斯碑，自然喜出望外，也不怕山高路险，亲自上山寻找。果然从玉女池中找到一截残碑，冲洗后，"臣斯臣去疾昧死请"等字历历在目，确实是李斯真迹。于是知县大加庆贺，在山顶造房兴宫，还建了一座精美的小亭，取名曰"宝斯

亭"，以后又改为"读碑亭"。安放之日，还举行了隆重的仪式，重赏了赵氏老翁。

光阴似箭，日月如梭，一晃又过了 17 个年头。到了道光十二年（公元 1832 年），东岳庙因年久失修，在一场暴雨中有一面墙塌倒，此祸殃及读碑亭，碑亭被砸塌，就任知县徐宗干得知，忙差人去寻找，将碑移到山下，放置于岱庙道院。光绪十六年（公元 1890 年），有一个小偷看到人们如此珍视此碑，想必此物定值千金，便在一个风雨之夜将此碑偷走。事发以后，继任知县毛蜀云下令全城搜索，终于在十日后于北关的石桥底下发现，重新置于岱庙。现在，李斯碑存于岱庙东御座内，我们今天能目睹秦代书法艺术精品，实在很幸运。

 颜体

公元 782 年，唐王朝有五个藩镇叛乱，其中以自称天下都元帅的淮西节度使李希烈兵势最强。五镇叛乱，使朝廷大为震惊。唐德宗找宰相卢杞商量，卢杞说："不要紧。只要派一位德高望重的大臣去劝导他们，无须动刀枪，就能把叛乱平息下来。"卢杞推荐年老的太子太师颜真卿，唐德宗马上同意。

颜真卿是当时一个很有威望的老臣。安史之乱前，他担任平原太守。安禄山发动叛乱后，河北各郡大都被叛军占领，只有平原城因为颜真卿坚决抵抗，没有陷落。颜真卿又是我国历史上著名的书法家。他写的字雄浑刚健，挺拔有力，表现了他的刚强性格。他为人正直，常常被奸人诬陷排挤，只是因为他威望高，一些奸人不得不表面上尊重他。

宰相卢杞是个心歹之人。他忌恨颜真卿，所以趁藩镇叛乱的机会，派颜真卿去做劝导工作，故意陷害他。许多文武官员听说朝廷派年迈的颜真卿去叛镇，都为他的安全担心。但是，颜真卿不在乎，带了几个随从就到淮西去了。

李希烈听到颜真卿来了，想给他一个下马威。在见面的时候，叫1000多人聚集在厅堂内外。颜真卿刚开始劝说李希烈停止叛乱，那些部将就冲了上来，个个手里持刀，围住颜真卿，摆出要杀他的架势。颜真卿面不改色，朝着他们冷笑。李希烈假惺惺地站起来护住颜真卿，命令他的部将退出。接着，把颜真卿送到驿馆里，企图慢慢软化他。

过了几天，四个叛镇的头目都派使者来跟李希烈联络，劝李希烈即位称帝。李希烈大摆筵席招待他们，也请颜真卿参加。那些使者见颜真卿来了，都向李希烈祝贺说："早就听说颜太师德高望重，现在元帅将要即位称帝，这不是有现成的宰相了吗？"颜真卿听后，朝着使者骂道："什么宰相不宰相！我年纪快八十了，要杀要剐悉听尊便。"四名使者被颜真卿凛然的神色吓住了，一时说不出话来。李希烈没办法，只好把颜真卿关了，派兵士监视着。

兵士们在院子里掘了一个见方的土坑，扬言要把颜真卿活埋。第二天，李希烈来看他，颜真卿对李希烈说："你何必玩弄这些花招。一刀把我砍了，岂不痛快！"过了一年，李希烈自称楚帝，又派部将逼颜真卿投降，无果，就派人逼迫颜真卿自杀了。

颜真卿虽然死了，但是他创立的颜体像是中国书法上的一朵奇葩，亮丽而夺目。颜体是楷书的一种。从特点上论，颜体形顾之簇新、法度之严峻、气势之磅礴前无古人。从美学上论，颜体端庄美、阳刚美、人工美，数美并举。从时代论，唐初承晋宋余绪，未能自立，颜体一出，其所创新体成为盛唐气象鲜明标志之一。

 行楷

　　行楷是字体的一种，是近似于楷书的行书。我国古代著名书法家王献之在行楷上成就颇丰，他的《洛神赋十三行》是行楷发展史上的代表作之一。

　　王献之是著名书法家王羲之的儿子，自幼聪明好学。他七八岁时开始学书法，师承其父。有一次，王羲之看献之正聚精会神地练习书法，就悄悄从他背后走过，突然伸手去抽献之手中的毛笔，献之握笔很牢，没有被抽掉。父亲很高兴，夸赞道："此儿后当复有大名。"小献之听后心中沾沾自喜。还有一次，羲之的朋友让献之在扇子上写字，献之拿起笔来就写，突然笔落扇上，把字污染了，小献之灵机一动，一只小牛栩栩如生于扇面上。众人都对献之的书法、绘画赞不绝口，小献之由此滋长了骄傲情绪。他的父母看此情景，若有所思……

　　一天，献之问母亲："我只要再写上三年就行了吧？"母亲摇摇头。"五年总行了吧？"母亲又摇摇头。献之急了，问母亲说："那您说究竟要多长时间？""你要记住，写完院里这 18 缸水，你的字才会有筋有骨，有血有肉，才会站得直、立得稳。"献之一回头，原来父亲站在了他的背后。王献之心中不服，但是没说出来。他一咬牙又练了 5 年，把一大堆写好的字给父亲看，希望听到表扬的话。谁知，王羲之一张张掀过，一个劲儿地摇头。掀到一个"大"字，父亲现出了较满意的表情，随手在"大"字下填了一个点。

　　小献之心不服，又将全部习字抱给母亲看，并说："我这 5 年完全是按照父亲的字样练的。您仔细看看，我和父亲的字还有什么不同？"

母亲果然认真地看了 3 天,最后指着王羲之在"大"字下加的那个点儿,叹了口气说:"吾儿磨尽三缸水,唯有一点似羲之。"

献之听后泄气了,有气无力地说:"难啊!这样下去,什么时候才能有好的结果呢?"母亲见他的傲气已经消尽了,就鼓励他说:"孩子,你只要像这几年一样坚持不懈地练下去,就一定会达到目的的!"

献之听完后深受感动,又锲而不舍地练下去。功夫不负有心人,他用尽了 18 大缸水来练字,终于在书法上突飞猛进。后来,王献之的字也到了力透纸背、炉火纯青的程度,他的字和王羲之的字并列,被人们称为"二王"。

 狂草

到了唐代,在今草的基础上写得更加放纵,笔势连绵环绕,字形奇变百出,称为"狂草",亦名大草。在草书艺术史上,怀素其人和他的《自叙帖》,一直为书法爱好者谈论了 1200 多年。

怀素,字藏真,俗姓钱,永州零陵(今湖南零陵)人,10 岁出家为僧。年少时在经禅的空闲之时,就爱好书法。那时因为贫穷,没有钱买纸墨,为了练字,他种了一万多棵芭蕉,用蕉叶代纸。由于住处触目都是蕉林,因此风趣地把住所称为"绿天庵"。他又用漆盘、漆板代纸,勤学精研,盘、板都写穿了,还写坏了很多笔头,后把它们埋在一起,名为"笔冢"。

他性情疏放,锐意草书,却无心修禅,平日里更是喜欢饮酒吃肉,交结名士,与李白、颜真卿等都有交游。他以狂草名扬于世上。唐代文献中有关怀素的记载甚多。"运笔迅速,如骤雨旋风,飞动圆转,随

手万变，而法度具备"。王公名流也都爱结交这个狂僧。唐任华有诗写道："狂僧前日动京华，朝骑王公大人马，暮宿王公大人家。谁不造素屏，谁不涂粉壁。粉壁摇晴光，素屏凝晓霜。待君挥洒兮不可弥忘，骏马迎来坐堂中，金盘盛酒竹叶香。十杯五杯不解意，百杯之后始癫狂……"前人评其狂草继承张旭又有新的发展，谓"以狂继癫"，所以把他二人并称"癫张醉素"，对后世影响极大。

　　怀素善以中锋笔纯任气势作大草，如"骤雨旋风，声势满堂"，到"忽然绝叫三五声，满壁纵横千万字"的境界。虽然是疾速，怀素却能于通篇飞草之中，极少失误。与众多书家草法混乱常出现很多缺漏相比，实在高明得多。是知怀素的狂草，虽率意颠逸，千变万化，终不离魏晋法度。这确实要归功他从极度苦修中得来。怀素传世的书迹较多，计有《千字文》《清净经》《圣母帖》《藏真帖》《自叙帖》《苦笋帖》《食鱼帖》《四十二章经》等。

第六章

国画：超然物外的表现

 白描画

白描画是中国画里纯以笔勾勒线条而不设色，或渲染水墨来描绘景物或形象的一种绘画形式，也是中国画的基础训练形式之一，对于训练中国画家的造型能力是必不可少的一个过程。其画作亦可成为独立的绘画品种。

徐悲鸿是中国当代杰出的画家。他出生于江苏宜兴，幼年跟着父亲学习绘画，后远赴巴黎进修，先后去英、德、法、意及瑞士观摩并学习，吸取了不少世界艺术精华。他精研素描与油画，擅长中国画、油画，尤精素描。

徐悲鸿很喜爱马，他画马，堪称一绝，最早也是以画马闻名的。他曾对马的肌肉、骨骼以及神情、动态等做过长期的观察研究。平日里，他经常在山乡和有马的地方对真马写生，关于马的速写稿累积了不下千幅。所以他下笔时能做到"全马在胸"，笔墨酣畅。早年，他流落上海时，曾画了一幅马图，寄给上海美术馆，得到主持该馆的岭南派画家高氏兄弟的赞赏："虽古之韩干，无以过也。"

1934 年，徐悲鸿应邀到莫斯科举办画展。一天，他应苏联文化局局长之请为现场观众做一次画马的现场表演。他充分运用中国画独有的线条，寥寥数笔，一匹势不可当的奔马便跃然纸上。素有爱马之癖的骑兵元帅布琼尼见状，拨开人群走到徐悲鸿面前说："徐先生，就将这匹马赠给我吧，否则我会发疯的！"徐悲鸿答应了他。布琼尼高兴地和徐悲鸿热烈拥抱，并大声称赞道："徐先生，你不仅是东方的一支神笔，也是属于世界的一支神笔。你笔下的奔马，比我所骑过的那些战

马更加奔放、健美!"

徐悲鸿画的马落笔有神，奔放处不狂狷，精微处不琐屑。他以周穆王八匹名马为题材所画的《八骏图》，成为这位艺术大师的不朽名作。其最著名的《九方皋相马》，现存于北京徐悲鸿纪念馆。

水墨画

水墨画是中国画的一种，指纯用水墨所作之画。基本要素有三：单纯性、象征性、自然性。相传始于唐代，成于五代，盛于宋元，明清及近代以来继续发展。其以笔法为主导，充分发挥墨法的功能。

其代表人物齐白石是我国绘画界的名人，他对花鸟、山水、人物等方面多有研究，尤工虾蟹。

抗日战争时期，有一次，北平伪警司令、大特务头子宣铁吾过生日，强硬邀请国画大师齐白石赴宴作画。齐白石不得已，来到宴会上，环顾了一下满堂宾客，略微想了一会儿，铺纸挥洒。转眼之间，一只水墨螃蟹跃然纸上。众人看后，赞不绝口，宣铁吾也十分高兴。不料，齐白石笔锋轻轻一挥，在画上题了一行字——"横行到几时"，后书"铁吾将军"，然后拂袖而去。

一个汉奸向齐白石求画。齐白石画了一个涂着白鼻子、头戴乌纱帽的不倒翁，还题了一首诗："乌纱白扇俨然官，不倒原来泥半团，将妆忽然来打破，浑身何处有心肝?"

1937年，日军占领了北平。齐白石为了不受敌人利用，坚持闭门不出，并在门口贴出告示，上面写着："从来官不入民家，官入民家，主人不利，谨此告知，恕不接见。"齐白石还嫌不够，又画了一幅画来

表明自己的心迹。画面很特殊，与平常人不同。一般人画翡翠时，都让它站在石头或荷径上，窥伺着水面上的鱼儿，齐白石却一反常态，不去画水面上的鲟鱼，而画深水中的虾，并在画上题字："从来画翡翠者必画鱼，余独画虾，虾不浮，翡翠奈何？"齐白石闭门谢客，自喻为虾，并把做官的汉奸与日本人比作翡翠，意义深藏，发人深省。

齐白石70多岁的时候，对人说："我现在才知道自己不会画画。"人们都称赞老人的谦逊。他却说："我真的不会画。"人们越发称赞老画家的品行，当然没有人相信他不会画画。

山水画

以描写山川自然景色为主体的绘画称山水画。在魏、晋、南北朝就已逐渐发展，但仍附属于人物画、作为背景的居多。隋唐开始独立。五代、北宋山水画大兴，如王希孟、赵伯驹的"青绿山水"，南北竞辉达到高峰，从此成为中国画领域的一大画科。元代山水画趋向写意，以虚代实，侧重笔墨神韵，开创新风。

《游春图》是山水画的经典之作，它的主题是春游。在明媚的春光里，人们欢心畅玩，远处青山叠翠，湖水轻荡，画中人物有的乘骑于山径，有的泛舟于湖上，姿态各异，生动有趣。展子虔的这种画法发展到唐代的李思训，便形成了青绿山水，被后世誉为"唐画之祖"，成为中国山水画中一种独具风格的画体。

辛亥革命后，溥仪被逐出皇宫，《游春图》被他带走，存放在天津。伪满政权建立后，《游春图》又被日本关东军参谋吉冈安直运往长春。日本投降后，敛聚的珍宝流向社会，一些精明的古董商看准商机，急赴长春寻觅收购。《游春图》被一古董商穆氏购得，并有意高价出售给外国人。著名鉴赏收藏家张伯驹在得知此消息后，找到当时的故宫博物院院长，请他出面制止将画外流，张伯驹又请朋友出面与古董商人马霁川协商，在多方的共同努力下，马霁川终于同意以 200 两黄金转售。张伯驹为筹巨款，只好变卖了自己的豪宅。张宅原本是清朝太监总管李莲英的府第，豪华舒适，但是为了买画，张伯驹不得不忍痛割爱……

当他好不容易凑足了 200 两黄金前去购画时，却被告知黄金成色不足，只能合 140 两。张伯驹只好再次请朋友担保，欠款取回了《游春图》。在张伯驹筹款期间，当时国民政府秘书长张群曾托画家张大千高价购买此画，但是马霁川等几个商人以诚信为上，没有将《游春图》卖给张群。

1949 年以后，张伯驹将《游春图》捐献给国家。

 人物画

顾恺之是生活在我国东晋、南朝刘宋时期的一名大画家，被画界尊奉为"中国画家四祖之首"。顾恺之故居所在地就在南京城内的顾楼街，他在南京留有大量作画的传奇故事。顾恺之多才多艺，诗词歌赋、绘画无一不通。他一旦创作灵感上来，就上小楼并叫家人将楼梯撤走，然后专心致志地作画，什么事也不管，什么人也不见，连一日三餐都是由妻子递上楼，直到画画好了才下楼。因此时人称其为三绝："才绝""画绝""痴绝"。顾恺之是中国，也是世界上第一个被写入史书并被作传记的伟大画家。

单说顾恺之的"画绝"，其画绝就绝在传神。他善于画人物，却往

往在画成之后好几年都不给此人点出眼睛。后人称赞顾氏之画"意在笔先，画尽意在"，连东晋著名宰相、淝水之战总指挥谢安亦赞叹道："自苍生来未之有也。"

顾恺之的传世之作《洛神赋图》，是他在看过三国时曹操的第三子曹植所写《洛神赋》有感而画的。传说曹植少时曾与上蔡县令甄逸之女相恋，后甄逸之女被嫁给了他的哥哥曹丕为后，而甄后在生了明帝曹睿后又遭谗致死。曹植在获得甄后遗枕后有感而生梦，写出《感甄赋》以作纪念，明帝曹睿将其改为《洛神赋》传世。而洛神是传说中伏羲之女，溺于洛水为神，世人称作宓妃。把此二人相提并论，实际上也是一种对甄后的怀念和寄托。顾恺之读过《洛神赋》后大为感动，一气画成《洛神赋图》。此卷一出，无人再敢绘此图，故成为千百年来中国历史上最为世人所传颂的名画。

人物画是绘画的一种，是以人物形象为主体的绘画的通称。中国的人物画简称人物，是中国画中的一大画科，出现较山水画、花鸟画等为早，大体分为道释画、仕女画、肖像画、风俗画、历史故事画等。人物画力求把人物个性刻画得逼真传神，气韵生动、形神兼备。其传神之法，常把对人物性格的表现，寓于环境、气氛、身段和动态的渲染之中。故中国画论上又称人物画为传神。

花鸟画

元末文坛很有影响的诗人王冕，字元章，他同时是画坛上以画墨梅开创写意新风的花鸟画家。他7岁的时候，父亲就去世了，仅靠母亲做点针线活供他到学堂读书，条件十分艰苦。尽管这样，他还是因为经济条件有限而被迫辍学。但他没有放弃，一边替人放牛，一边很勤奋地读书。

一天，天气燥热，王冕放牛倦了，在绿草地上坐着。须臾，浓云密布。一阵大雨过后，那黑云边上镶着的白云渐渐散去，透出一派日光来，照得满湖通红。湖边上的山，青一块，紫一块，绿一块。树枝都像水洗过一样，尤其绿得可爱。湖里有十来枝荷花，苞子上清水滴滴，荷叶上水珠滚来滚去。王冕看着这美丽的景色，心里想：古人说人在画中，真是一点不错。可惜这里没有画师，不然把这美景画下来该多好。他转念又一想：天下没有学不会的事，我为什么不能自己学着画画呢？于是，王冕省吃俭用买来一些画画用的东西，开始学画荷花。因为没有人指导，所以一开始他画得很不好。看着自己画得荷花那么难看，王冕心里很不是滋味，一度想放弃学画。但他想起做事要锲而不舍，不能半途而废。于是他还是每天都到湖边去，一边放牛，一边画画。他仔细地观察荷花的神韵，天天练习，坚持不懈。

3个月之后，他画的荷花活像从湖里摘下来的，栩栩如生。王冕到了20岁的时候，绘画技艺更加纯熟，尤以画墨梅知名，开创写意花鸟画风之先。

在中国画中，凡以花卉、花鸟、鱼虫等为描绘对象的画，被称为花鸟画。花鸟画中的画法中有工笔、写意、兼工带写三种。工笔花鸟画即用浓、淡墨勾勒对象，再分层次着色；写意花鸟画即用简练概括的手法绘写对象；介于工笔和写意之间的就称为兼工带写。

第七章

戏曲：粉墨春秋梨园梦

 京剧

京剧，也称"皮黄"，由"西皮"和"二黄"两种基本腔调组成它的音乐素材，也兼唱一些地方小曲调和昆曲曲牌。它形成于北京，时间是在 1840 年前后，盛行于 20 世纪三四十年代，时有"国剧"之称。现在它仍是具有全国影响的大剧种。它的行当全面、表演成熟，是近代中国戏曲的代表。2006 年 5 月 20 日，京剧经国务院批准列入第一批国家级非物质文化遗产名录。

京剧中最有特色的当属脸谱，它是具有民族特色的一种特殊的化妆方法。由于每个历史人物或某一种类型的人物都有一个大概的谱式，就像唱歌要按照乐谱一样，所以称为"脸谱"。关于脸谱的来源，一般的说法是来自于假面具。

京剧脸谱，是根据某种性格、习性或某种特殊类型的人物而做色彩调制的。红色的脸谱表示忠勇义烈，如关羽、常遇春；黑色的脸谱表示刚烈、正直、勇猛甚至鲁莽，如包拯、张飞等；黄色的脸谱表示凶狠残暴，如宇文成都、典韦。蓝色或绿色的脸谱表示粗犷暴躁，如窦尔敦、马武等；白色的脸谱表示奸臣、小人，如曹操、赵高等。

京剧脸谱来源于生活。每个人面部器官的形状、轮廓相似，生理布局也都有一定的规律，面部肌肉的纹理与人物的年龄、经历、生活的自然条件也都有密切关系，所以京剧脸谱的勾绘是以生活为依据，也是生活的概括和浓缩。如生活中常形容人的脸色晒得漆黑、吓得煞白、臊得通红等，既是剧中人物心理活动、精神状态的揭示和生理特征的表现，又是确定脸谱色彩、线条、纹样与图案的基础。脸谱虽然

来源于生活，但又是实际生活的夸张和放大。演义小说和说唱艺术中对历史人物的夸张、形象的描写，也是京剧脸谱的来源依据。如关羽的丹凤眼、卧蚕眉，张飞的豹头环眼，赵匡胤的面如重枣等，所有这些描写，都被戏曲化妆吸取，在京剧舞台上的表现尤为明显、突出。

 昆曲

昆曲，是我国古老的戏曲声腔、剧种，原名"昆山腔"或简称"昆腔"，清朝以来被称为"昆曲"，现又被称为"昆剧"。昆曲的伴奏乐器，以曲笛为主，辅以笙、箫、唢呐等。昆曲的表演，也有它独特的体系和风格，它最大的特点是抒情性强、动作细腻，歌唱的韵律与舞蹈的节拍结合得巧妙而和谐。该剧种于2001年5月18日被联合国教科文组织命名为"人类口述遗产和非物质遗产代表作"。2006年5月20日，昆曲经国务院批准列入第一批国家级非物质文化遗产名录。

昆曲形成的历史，可谓源远流长，它起源于元末的昆山地区，至今已有600多年的历史。宋、元以来，中国戏曲有南、北之分，同样的戏曲在不同地方唱法也不一样，比如南曲。元末，顾坚等人把流行于昆山一带的南曲原有的腔调加以整理和改进，称之为"昆山腔"，这就是昆曲的雏形。

明朝嘉靖年间，杰出的戏曲音乐家魏良辅对昆山腔的声律和唱法进行了创新，吸取了海盐腔、弋阳腔等南曲的长处，发挥昆山腔自身流丽悠远的特点，又吸收了北曲结构严谨的特点，运用北曲的演唱方法，以笛、箫、笙、琵琶的伴奏乐器，造就了一种集南北曲优点于一体、细腻优雅的"水磨调"，通称昆曲。

昆山人梁辰鱼继承魏良辅的成就，对昆腔作了进一步改进。隆庆末年，他编写了第一部昆腔传奇《浣纱记》。这部传奇的上演，扩大了昆腔的影响，文人学士争用昆腔创作传奇，学习昆腔的人越来越多。于是，昆腔与余姚腔、海盐腔、弋阳腔并称为"明代四大声腔"。

到了万历末年，由于昆班的广泛演出活动，昆曲经扬州传入北京、湖南，跃居各腔之首，成为传奇剧本的标准唱腔，"四方歌曲必宗吴门"。明末清初，昆曲又流传到四川、广东等地，发展成为全国性剧种。从此昆曲开始独霸梨园，绵延至今六七百年，成为现今中国乃至世界现存最古老的具有悠久传统的戏曲形态。

黄梅戏

妙州知府冯小卿的女儿冯素贞才貌双全，引来很多王公大臣的公子前来比武招亲。天香公主化名"闻臭公子"参加比武，打败了侯爷公子东方胜和相爷公子刘长赢，成全了冯素贞和她的心上人李兆廷。

太监总管王公公设计陷害李兆廷，逼迫他写血书退婚。东方胜趁机向皇帝讨来赐婚的圣旨，想要在三日后与冯素贞成亲。冯素贞不从，吃了乞丐老太太给的"喜饼"后假装死去。李兆廷闻讯赶来哭灵，伤心欲绝。冯素贞为了惩治这帮仗势作乱的人，女扮男装来到京城，化名冯绍民参加科考，高中状元，开始了仕途生涯。

与此同时皇帝把宰相的女儿刘倩许配给李兆廷。之后朝中发生政变，国师迫使皇帝退位。在和国师的激斗中，宰相女儿刘倩战死。临终前，她无意中说出了冯绍民就是冯素贞的秘密。皇帝把冯素贞和李兆廷二人打入死牢，行刑前，皇帝突然驾崩。太子继位，赦免了冯素贞和李兆廷。经过一番曲折，冯素贞与李兆廷有情人终成眷属。

《女驸马》是一部极富传奇色彩的古装戏，也是黄梅戏中的经典之作。黄梅戏是安徽省的主要地方戏曲剧种。黄梅戏原名"黄梅调"，是18世纪后期在皖、鄂、赣三省毗邻地区形成的一种民间小戏。其中一支逐渐东移到安徽省安庆市为中心的安庆地区，与当地民间艺术相结合，用当地语言歌唱、说白，形成了自己的特点，被称为"怀腔"或"黄梅调"。这就是今日黄梅戏的前身。在民国十年（1921年）出版的《宿松县志》中，第一次正式提出"黄梅戏"这个名称。

 粤剧

粤剧又称大戏或者广东大戏，源自南戏，自明朝嘉靖年间开始在广东、广西出现，是糅合唱念做打、乐师配乐、戏台服饰、抽象形体等的表演艺术。粤剧每一个行当都有各自独特的服饰打扮。最初演出的语言是中原音韵，又称为戏棚官话。到了清朝末期，有人为了方便宣扬革命而把演唱语言改为粤语，使广州人更容易明白。粤剧名列于2006年5月20日公布的第一批518项国家级非物质文化遗产名录之内。《柳毅传书》《宝莲灯》等是粤剧中较好的剧目。

《柳毅传书》讲述的是湖北人柳毅在前往长安赶赴科考的途中，在泾阳遇到一位在冰天雪地下牧羊的女子。柳毅对这女子很是好奇，在多次上前打听之后，才知道原来对方是洞庭湖的龙宫三公主，远嫁给泾水龙王十太子。可惜小龙王生性风流，娶妻之后不单没有与她洞房，连碰也没有碰过她一下。三公主独守空房之余，又被翁姑欺凌，带着负责降雨降雪的羊群到江边放牧。她想要传书回家求救，但是周遭水

族禽鸟慑于龙王声威，都不敢帮她。柳毅听后义愤填膺，马上答应放弃科考的机会返回家乡送信。

柳毅来到洞庭湖畔，帮助三公主把信送往龙宫。但是洞庭君碍于与泾阳君的多代姻缘的情面，想要息事宁人，可是洞庭君的弟弟钱塘君非常气愤，他毅然带领水军前往解救三公主，并一怒之下杀了泾水十太子。三公主回宫后，为柳毅奉酒答谢。钱塘君见二人眉来眼去，就想要撮合二人。但柳毅碍于没有人做媒，以及介怀自己间接杀了三公主的丈夫，所以拒绝了婚事。

柳毅回到地面之后，经常望湖兴叹，而三公主也对柳毅日夜挂念。双方家长见子女都为相思所困，柳毅的母亲决意为柳毅寻找媳妇。而钱塘君由于自己一怒杀了三公主的丈夫而耿耿于怀，决定化身为媒婆前往柳家说媒。最后，有情人终成眷属。

 豫剧

豫剧也称河南梆子、河南高调。因早期演员用本嗓演唱，起腔与收腔时用假声翻高尾音带"讴"，又叫"河南讴"。在豫西山区演出多依山平土为台，当地称为"靠山吼"。因为河南省简称"豫"，所以1949 年以后定名为豫剧，是河南省的主要剧种之一。豫剧的流行地区分布甚广，大江南北、黄河两岸以至新疆、西藏都有豫剧演出。

《秦香莲》，又名《铡美案》，是豫剧的代表作品之一。讲述的是北宋年间，贫民的儿子陈世美进京应试，考中了状元，被皇上招为驸马。在他离家的那段日子里，他的家乡连年闹荒旱，他的父母在灾乱中不堪折磨，还好有前妻秦香莲的照料。不久，父母相继过世，秦香莲只

好带上一对儿女千里迢迢来到京城寻找她的夫君。当她得知陈世美已经成为驸马时，硬闯皇宫想要见他，却惨遭驱逐。丞相王延龄见状，可怜秦香莲，试图让她在陈世美寿辰之日扮成歌女在席间弹唱，以助他们破镜重圆，却没有成功。王延龄给秦香莲一把纸扇，暗示她到开封府告状。

　　陈世美得知此事，派家将韩琦追杀秦香莲母子，韩琦不忍，终将秦氏母子放走，自刎谢罪。秦香莲逃出三官堂，至包拯前控告陈世美"杀妻灭嗣"，包拯将陈世美召到开封府，好言相劝，却话不投机。包拯令秦与陈对质，陈世美自恃国戚，强词狡辩，包拯怒，欲铡之。太后闻讯来阻刑，但是包拯不顾，以头上乌纱担保，终于铡死陈世美，还了秦香莲一个公道。

川剧

　　川剧，是四川文化的一大特色。成都是戏剧之乡，早在唐代就有"蜀戏冠天下"的说法。清代乾隆时在本地车灯戏基础上，吸收融会苏、赣、皖、鄂、陕、甘各地声腔，形成含有高腔、胡琴、昆腔、灯戏、弹戏五种声腔的用四川话演唱的"川剧"。其中川剧高腔曲牌丰富，唱腔美妙动人，最具地方特色，是川剧的主要演唱形式。

　　变脸是运用在川剧艺术中塑造人物的一种特技，是揭示剧中人物内心思想感情的一种浪漫主义手法。

　　相传，"变脸"是古代人类面对凶猛的野兽，为了生存把自己的脸勾画出不同形态，以吓唬入侵的野兽。川剧把"变脸"搬上舞台，用绝妙的技巧使它成为一门独特的艺术。

变脸的手法大体上分为三种："抹脸""吹脸""扯脸"。此外，有一种"运气"变脸。

"抹脸"是将化妆油彩涂在脸的特定部位上，用手往脸上一抹，便可变成另外一种脸色。如果要全部变，则将油彩涂于额上或眉毛上，如果只变下半部脸，则油彩可涂在脸或鼻子上。如果只需变某一个局部，则油彩只涂要变的位置即可。如《白蛇传》中的许仙，《飞云剑》中的陈仑老鬼等都采用"抹脸"的手法。

"吹脸"只适合于粉末状的化妆品，如金粉、墨粉等。有的是在舞台的地面上摆一个很小的盒子，内装粉末，演员到时做一个伏地的舞蹈动作，趁机将脸贴近盒子一吹，粉末扑在脸上，立即变成另一种颜色的脸。《活捉子都》中的子都，《治中山》中的乐羊子等人物的变脸，采用的便是"吹脸"的方式。

"扯脸"是比较复杂的变脸方法。它是事前将脸谱画在一张一张的绸子上，剪好，每张脸谱上都系一把丝线，再一张一张地贴在脸上。丝线则系在衣服的某一个顺手而又不引人注目的地方。随着剧情的进展，在舞蹈动作的掩护下，一张一张地将它扯下来。如《白蛇传》中的钵童（紫金铙钵），可以变绿、红、白等七八张不同的脸。

还有一种方式是"运气变脸"。传说已故川剧名演员彭泗洪，在扮演《空城计》中的诸葛亮时，当琴童报告司马懿大兵退去以后，他能够运用气功而使脸由红变白，再由白转青，意在表现诸葛亮如释重负后的后怕。

第八章

武术：再现武林传说的历史

 太极拳

太极拳起源于中国，它是根据《易经》阴阳相生之理，中医的经络、导引、吐纳等理论和技法综合而成的拳术，具有刚柔相济、快慢相间的特点。太极拳松活弹抖，符合人体结构，是一种具有大自然运转规律的拳术。

太极拳历史悠久，流派众多，主要有陈式、杨式、孙式、吴式、武式以及武当、赵堡等。作为传统拳术的太极拳既可技击防身，又能增强体质和防治疾病，因此深受人们喜爱。太极拳在早期曾被称为"长拳""绵拳""十三势""软手"。至清朝乾隆年间，山西武术家王宗岳著《太极拳论》，才确定了太极拳的名称。"太极"一词源出《周易·系辞》，含有至高、至极、绝对、唯一的意思。

太极拳在技击上别具一格，特点鲜明。它要求避实就虚，以柔克刚，以静制动，借力发力，主张一切从客观出发，随人则活，由己则滞。为此，太极拳特别讲究"听劲"，所谓"听劲"就是要准确地感觉判断对方来势。当对方未发动前，自己不要冒进，要用招法诱敌，探其虚实，这就是所谓的"引手"。一旦对方发动，自己要迅速抢在前面，"彼未动，己先动"，将对手引进，或者分散转移对方力量，乘虚而入，全力还击。

太极拳也比较讲究劲道，劲以曲蓄而有余，周身之劲在于整，发劲要专注一方，须认定准点，做到有的放矢。劲起于脚跟，由脚到腿，再由腿到腰，高手再集而发之，形于手指，这一过程完整一气，不会有丝毫间断。总之，太极拳需要注意引进落空、借力打人，周身须完整统一，动则俱动，静则俱静，劲断意不断，才能一触即发。牵引在上，运化在胸，储蓄在腿，主宰在腰，蓄而后发，其威力无穷。

 剑术

　　剑是武术中短兵器的一种，是由古兵器演化而来。《释名·释兵》中说："剑，检也。"剑是一种防范非常的卫体武器。它是中华武术的重要组成部分，在中国传统武术中有着很高的地位，为兵器之神，有君子之风。所谓剑术，顾名思义，即武术中用剑的技术。

　　在传统文化中，行侠仗义者、文雅高尚者、将军统帅多佩剑，剑自古以来就是武术文化的精髓，是衡量功夫境界高深的尺码。刀剑在古代被视为武士的灵魂与精神象征，故在所有的古武术门类中，剑术是武士必须掌握、流传也最为普及的武艺技法之一。剑术在古时又称剑法、击剑、平法、兵法等。

　　剑的击法有：劈、刺、点、撩、崩、截、抹、穿、挑、提、绞、扫等。武术谚语有"刀如猛虎，剑如飞凤"，"刀似下山猛虎，剑如翻海蛟龙"。剑术的特点是：轻快、灵活、敏捷、潇洒、飘逸，气势连贯，步法轻快，腰似蛇行，演练起来变化多端，剑神合一，一气呵成。剑术根据练法又分为行剑、长穗剑、双剑、势剑、双手剑、反手剑等。剑术套路繁多，常见的有：自选剑术、青萍剑、武当剑、三才剑、三合剑、云龙剑、八卦剑、太极剑、螳螂剑等。剑术还有许多种套路，根据不同拳种而定。总体看来，剑术一般快捷凶猛，刚柔相济，潇洒大方。

 铁砂掌

铁砂掌又名黑沙手，为硬功外壮，属阳刚之劲。顾名思义，铁砂掌是用铁砂练出来的掌功，属于硬气功范畴，是少林寺武僧经常练习的重要功夫。

其实，在中国大地上流传的数百个武术门派中，大多都有自己门派的铁砂掌功夫，虽然名目繁多，但练法大同小异，基本上都有一定的规律可循。总起来说，铁砂掌就是用铁砂、药料作为练功辅助物，通过特定的练功方法修炼出来的一种兼具攻击、防守的掌上硬功夫，修炼日久，具有开砖裂石之功。当然现在这门功夫多被用在表演上。

一般人总认为只有外家门派才有铁砂掌功法，实际上不是这样的，不少内家门派也有这种掌法，比如形意拳、八卦掌等派也都有此掌法流传。可见铁砂掌也是一种基础功夫。事实上，不论修炼外家还是内家拳术，练习铁砂掌之类的功夫，对技击水平的提高也是很有好处的。

练习铁砂掌要注意运气。一般要做到："气自丹田吐，全力注掌心。按实始用力，吐气须开声。"技击动作发出前各关节要放松，待出击时突然伸直，劲达掌心，同时开声一喊，气势上先要压倒对方，令敌人心神猝然一惊，则掌力正至妙处。

至于铁砂，以少林为例，少林功夫中的铁砂掌，是用铁砂和药物配合而操练的，练至掌部坚硬如铁，臂长力增，重伤对方皮肉筋骨。功力深者可以碎砖断石。经过练习铁砂掌功夫，可使掌部的锻炼处表皮增厚，筋骨及表皮组织对外界环境的适应能力大大提高，腕指关节灵活，肌肉韧带的力量增强。

不过特别需要说明的是，练铁砂掌必须靠药物作保护来辅助行功。否则，不用解毒、消肿、止痛之类药物练功的话，毒气就会深入机体，对健康不利。

第九章

中医：对自然与生命的哲学思考

 针灸

　　针灸是中国特有、古代常用的治疗各种疾病的手法之一。针灸是一种"由外治内"的治疗方法，是通过经络、腧穴的作用，并且应用一定的手法来治疗疾病。在临床上按中医的诊疗方法诊断出病因，找出疾病的关键，作出诊断。按照相应的穴位，进行有效治疗，使其打通堵塞经脉，调理气血，从而使阴阳平衡、协调；使脏腑功能趋于调和，从而达到防治疾病的目的。针灸疗法的特点是治病不靠吃药，在病人身体上找到特定的穴位将针刺入，即可达到刺激神经，从而引起身体的有效反应。由于针灸疗法具有独特的优势，因此具有广泛的适应证，疗效显著，操作简便易行，医疗费用经济，极少有副作用，受到人们的青睐。

　　针灸不仅治疗疾病效果显著，而且有很好的保健作用。在唐代，针灸保健已占有相当位置，如在《千金要方》中，就论述了许多针灸方面用以保健的材料。宋代王执中著的《针灸资生经》里，记载了针灸疗法可以预防多种疾病的产生。明代医家亦倡导针灸保健，高武在《针灸聚英》里说："无病而先针灸曰逆，逆，未至而迎之也。"逆，即防病之义。清代潘伟如在《卫生要求》一书中还阐发了针刺的保健作用，他说："人之脏腑经络血气肌肉，日有不慎，外邪干之则病。古之人以针灸为本……所以利关节和气血，使速去邪，邪去而正自复，正复而病自愈。"至今人们生活中也经常用针灸来治疗疾病。

 脉诊

脉诊是最具中医特色的征象，在我国历史悠久，它是我国古代医学家在长期医疗实践中总结出来的。《史记》中记载了春秋战国时期的名医扁鹊，他是以精于望、闻、问、切的方法，特别是以脉诊而著名的。脉诊是通过按触人体不同部位的脉搏，以体察脉象变化的切诊方法。又称切脉、诊脉、按脉、持脉。脉，指脉道。其实脉不单是血液汇聚的地方，也是气血运行的道路。

由于脉诊在中医诊断学中独特的地位和作用，历代医家对脉诊均十分重视。脉诊是临床诊断疾病的重要手段之一，通过切脉可以了解病的属性是寒还是热，机体正气是盛还是衰，来测知病的成因及病的位置，从而对症下药，根治疾病。正如《内经·灵枢经·经脉》中所说："经脉者，所以能决生死处百病，调虚实，不可不通。"脉诊可以判断病人的生死，还可以处理百病，调理虚实。从脉象的权衡规矩，可以识别疾病所主的脏腑；从病人的脉象去辨别浮沉滑涩，可以知道疾病产生的原因。这是从把人体看成一个整体的观点出发的，而这种整体观点又是以经络学说作为基础的。中医认为经络是人体气血运行的通路，它内通脏腑，外连四肢肌肉骨节，使全身形成一个整体。脉是整体中的一个部分，因此从脉象的变化可以测知病理。所谓"有诸内，必形诸外"，就是说，外部表现是通过人体内部的变化传达出来的。

 刮痧

刮痧，是传统的自然疗法之一，历史悠久。它是以中医皮部理论为基础，用器具例如牛角、玉石、火罐等，在皮肤相应的部位进行刮拭，从而达到疏通经络、活血化瘀的功效。刮痧，就是凭借刮痧器具，对经络穴位进行刮拭，通过这种良性的刺激，可以充分发挥营卫之气的作用，使经络穴位处实现充血，促进局部的微循环，起到祛除邪气、疏通经络、舒筋理气、祛风散寒、清热除湿、活血化瘀、消肿止痛的作用，以增强机体自身潜在的抗病能力，同时可以增强免疫机能，达到扶正祛邪、防病治病的功效。

刮痧疗法发展至今已经成为一种适应多病种的治疗，而且是受到肯定和广泛应用的自然疗法。刮痧可以起到扩张毛细血管、增加汗腺分泌、促进血液循环的作用，对于高血压、中暑、肌肉酸疼等所致的风寒痹症都有立竿见影的功效。

刮痧疗法还具有预防保健作用，包括健康保健预防与疾病防变。刮痧疗法作用部位是体表皮肤，皮肤是机体暴露于外的最表浅部分，直接接触外界，且对外界气候等变化起到适应与防卫作用。皮肤之所以具有这些功能，主要依靠机体内卫气的作用。卫气出于上焦，由肺气推送，先循行于皮肤之中，卫气调和，则"皮肤调柔，腠理致密"。健康人经常刮痧，可起到调整经气、解除疲劳、增强免疫功能的作用。

 **拔火罐**

拔火罐是物理疗法中最优秀的疗法之一。拔火罐疗法又称"角法"，古时候对外科痈肿的治疗，起初并不是用罐，而是用磨有小孔的牛角筒，罩在患部排吸脓血，因此有些古籍中又为其取名为"角法"。后来，牛角筒逐渐被竹罐、陶罐、玻璃罐取代。

拔火罐通过物理的刺激和负压人为造成毛细血管破裂瘀血，调动人体干细胞修复功能，以及坏死血细胞吸收功能，这样能够促进血液循环，滋养精气，调理气血，起到提高和增强人体免疫力的作用。虽然拔火罐和针灸都是物理疗法，但拔火罐不像针灸那样对穴位定位要求十分准确，拔火罐主要是以点、线、面相结合，通过中医的寒、热、虚、实辨证，选择一些经络所经过的部位或经气聚集的部位。

拔火罐是一种充血疗法。它是利用热力作用排出罐内空气，从而产生负压，这样会使罐紧吸在施治部位，造成一种充血现象，从而起到治疗的作用。因为这种方法简便易行，而且效果非常明显，所以在民间经过历朝历代而不衰，沿袭至今，就连一些外国人也颇感兴趣。

拔火罐还可以起到保健和医疗的作用，通过后背排罐，尤其是顺着夹脊、督脉和经络排罐，可以起到调理五脏六腑、强身健体的作用。

第十章

饮食：舌尖上的中国

 湘菜

潇湘风味，以湖南菜为代表，简称"湘菜"，是我国八大菜系之一。湘菜擅长香、酸、辣，具有浓郁的山乡风味。湘菜历史悠久，据说早在汉朝就已经形成菜系，而且当时烹调技艺就已有相当高的水平。

湘江流域的菜以长沙、衡阳、湘潭为中心，是湖南菜系的主要代表。制作精细，用料广泛，品种繁多，口味多变。其特点是油重色浓，讲求实惠，在口味上注重酸辣、香鲜、软嫩。在制法上以煨、炖、腊、蒸、炒诸法见长。煨、炖讲究微火烹调，煨则味透汁浓，炖则汤清如镜；腊味制法包括烟熏、卤制、叉烧，著名的湖南腊肉系烟熏制品，既可作冷盘，又可热炒，或用优质原汤蒸；炒则突出鲜、嫩、香、辣，市井皆知。

洞庭湖区的菜，以烹制河鲜、家禽见长，多用炖、烧、腊的制法，其特点是芡大油厚，咸辣香软。炖菜常用火锅上桌，民间则用蒸钵置泥炉上炖煮，俗称蒸钵炉子。往往是边煮边吃边下料，滚热鲜嫩，津津有味。代表菜有洞庭金龟、网油叉烧洞庭鳜鱼，蝴蝶飘海、冰糖湘莲等，皆为有口皆碑的洞庭湖区名肴。

湘西菜擅长制作山珍野味、烟熏腊肉和各种腌肉，腊肉的制作历史悠久，在我国相传已有两千多年历史。口味侧重咸香酸辣，常以柴炭作燃料，有浓厚的山乡风味。代表菜有红烧寒菌、板栗烧菜心、湘西酸肉、炒血鸭等，皆为驰名湘西的佳肴。

湖南菜系的共同风味是辣味菜和腊味菜。以辣味强烈著称的朝天辣椒，全省各地均有出产，是制作辣味菜的主要原料。三地区的菜各

具特色，但非截然不同，而是同中存异，异中见同，相互依存，彼此交流。统观全貌，则刀工精细，形味兼美，调味多变，酸辣著称，讲究原汁，技法多样，尤重煨烤。

川菜

川菜历史悠久，地方风味极为浓厚。它品种丰富，味道多变，适应性强，享有"一菜一格，百菜百味"之美誉，以其美味和独特的风格，赢得国内外的青睐，许多人发出"食在中国，味在四川"的赞叹。

川菜作为我国四大菜系之一，在我国烹饪史上占有重要地位。它取材广泛，用料复杂，调味多变，菜式多样，口味清鲜醇浓并重，以善用麻辣著称，并因其别具一格的烹调方法和浓郁的地方风味享誉中外。

川菜的基本味型为麻、辣、甜、咸、酸、苦六种。在六种基本味型的基础上，又可调配变化为多种复合型味道。在川菜烹饪过程中，如能运用味的主次、浓淡、多寡，调配变化，加之选料合适、切配适中和烹调得当，就可以获得色、香、味形俱佳的，而且具有特殊风味的各种美味佳肴。川菜的复合味型有20多种，如咸鲜味型、麻辣味型、煳辣味型、家常味型、鱼香味型、姜汁味型，等等。

川菜的菜式，主要由高级宴会菜式、普通宴会菜式、大众便餐菜式和家常风味菜式四个部分组成。四类菜式既各具风格特色，又互相渗透和配合，形成一个完整的体系，对各地各阶层甚至对国外，都有广泛的适应性。

川菜烹调讲究品种丰富、味多味美，这种开放的风格很受人们的喜爱和推崇，当然这与其讲究烹饪技术和制作工艺是分不开的。川菜烹调有四个特点：一是选料认真，二是刀工精细，三是合理搭配，四是精心烹调。在"炒"的方面有其独到之处。它的很多菜式都采用"小炒"的方法，特点是时间短，火候急，汁水少，口味鲜嫩，合乎营养卫生要求。菜肴烹饪看似简单，实际复杂，其中包含的科学性、技术性和艺术性是十分了不起的，这从另外一个方面显示出劳动人民的无穷智慧和创造能力。

 鲁菜

鲁菜发端于春秋战国时的齐国和鲁国（今山东省），形成于秦汉。宋代后，鲁菜成为"北食"代表，是我国八大菜系之一。鲁菜是我国覆盖面最广的地方风味菜系，遍及京、津及东北三省。

鲁菜系包括以福山帮为代表的胶东派，包括德州、泰安在内的济南派两个流派，以及堪称"阳春白雪"的典雅华贵的孔府菜，还有星罗棋布的各种地方菜和风味小吃。

胶东菜擅长爆、炸、扒、熘、蒸；口味以鲜夺人，偏于清淡；选料则多为明虾、海螺、鲍鱼、蛎黄、海带等海鲜。其中名菜有芙蓉干贝、烧海参、扒原壳鲍鱼、蟹黄鱼翅、烤大虾、炸蛎黄和清蒸加吉鱼等。

济南派则以汤著称，汤有清汤、奶汤之别。清汤用肥鸡、肥鸭、猪肘子为主料，经沸煮、微煮、"清哨"，使汤清澈见底，味道鲜美。"奶汤"则呈乳白色。用清汤和奶汤制作的数十种菜，多被列为高级宴席的珍馐美味。济南派以爆、炒、烧、炸，菜肴以清、鲜、脆、嫩见长。其中名肴有清汤什锦、奶汤蒲菜，清鲜淡雅，别具一格。而里嫩外焦的糖醋黄河鲤鱼、脆嫩爽口的油爆双脆、素菜之珍的锅豆腐，显

示了济南派的火候功力。

孔府菜典雅华贵，以"八仙过海闹罗汉"为例，它是孔府喜寿宴第一道菜。选用鱼翅、海参、鲍鱼、鱼骨、鱼肚、虾、芦笋、火腿为"八仙"。将鸡脯肉剁成泥，在碗底做成罗汉钱状，称为"罗汉"。罗汉制成后放在圆瓷罐里，摆成八方，中间放罗汉鸡，上撒火腿片、姜片及余好的青菜叶，再将烧开的鸡汤浇上即成。旧时此菜上席即开锣唱戏，在品尝美味的同时听戏，热闹非凡，也奢侈至极。

鲁菜在烹制海鲜方面有独到之处，对海珍品和小海味的烹制堪称一绝。在山东，无论是参、翅、燕、贝，还是鳞、介、虾、蟹，经当地厨师妙手烹制，都可成为精彩鲜美的佳肴。仅胶东沿海生长的比目鱼，运用多种刀工处理和不同技法，可烹制成数十道美味佳肴，其色、香、味、形各具特色，百般变化于一鱼之中。

粤菜

粤菜，即广东地方风味菜，是我国著名八大菜系之一，它由广州菜、潮州菜、东江菜组成，而以广州菜为代表。

广州菜是粤菜的主体和代表。广州菜的烹调方法很多，以炒、煎、焖、炸、煲、炖、扣等见长，讲究火候，制出的菜肴注重色、香、味、形。口味上以清、鲜、嫩、脆为主，讲究鲜而不俗，油而不腻，嫩而不生，清而不淡。时令性强，夏秋力求清淡，冬春偏重浓郁。较为常见的广州菜有白切鸡、挂炉烤鸭、蛇羹、白灼海虾、明炉乳猪、虾子扒婆参等。

潮汕地区的饮食习惯与闽南接近，同时受广州地区的影响。潮菜注重刀工和造型，烹调技艺以焖、炖、烧、炸、蒸、炒、泡等法擅长。以烹制海鲜、汤类和甜菜最具特色。味尚清鲜，郁而不腻。爱用鱼露、梅糕酱、红醋、沙茶酱等调味品。风味名菜有烧雁鹅、油泡螺球、绉纱甜肉、护国菜、清汤蟹丸、太极芋泥等。

东江菜又称客家菜。客家原是中原人，南迁后，其风俗习食仍保留着一定的中原风貌。菜品多用肉类，极少水产，主料突出，讲求香浓，下油重，味偏咸，以砂锅菜见长。代表菜有盐焗鸡、黄道鸭、梅菜扣肉、牛肉丸、海参酥丸等。

粤菜食谱丰富多彩，烹调方法种类繁多、技艺精良，以其用料广博而杂著称。有人粗略估计，粤菜的用料达数千种，举凡各地菜系所用的家养禽畜、水泽鱼虾，粤菜用之；不但如此，各地所用的蛇、鼠、猫、狗、山间野味等，粤菜还视为上肴。因此粤菜杂食之风，常令一些外人瞠目结舌。唐代韩愈被贬至潮州时，见到当地群众嗜食蚝、鳖、蛇、章鱼、青蛙、江珧柱等几十种异物，大为惊异，害怕得"臊腥始发越，咀吞面汗觫"。发展至现在，鲍、参、翅、肚、山珍海味已是许多地方菜之上品了，而蛇、鼠、猫、狸等野味仍为粤菜中具有独特风味的佳肴和药膳。

浙菜

浙菜起源于浙江省，是中国著名的八大菜系之一，品种丰富，由杭州菜、温州菜、绍兴菜、宁波菜四方风味组成，菜式讲究小巧精致，菜品鲜美滑嫩、脆软清爽。浙菜烹调技法擅长炒、炸、烩、熘、蒸、烧。久负盛名的菜肴有西湖醋鱼、宋嫂鱼羹、东坡肉、龙井虾仁、奉化芋头、蜜汁火方、兰花春笋、宁式鳝丝、三丝敲鱼、虾子面筋、双味蛴蟮等。

宁波地处沿海，特点是咸鲜合一，口味咸、鲜、臭，以蒸、红烧、炖制海鲜见长，讲求鲜嫩软滑，注重大汤大水，保持原汁原味。

杭州菜以爆、炒、烩、炸为主，工艺精细，清鲜爽脆。杭州菜制作精细，品种多样，清鲜爽脆，淡雅典丽，是浙菜的主流。名菜如西湖醋鱼、东坡肉、龙井虾仁、油焖春笋、排南、西湖莼菜汤等，集中反映了杭州菜的风味特点。

绍兴菜富有江南水乡风味，主料以鱼虾河鲜和鸡鸭家禽、豆类、笋类为主，讲究香酥绵糯，原汤原汁，轻油忌辣，汁浓味重。其烹调常用鲜料配腌腊食品同蒸或炖，多用绍酒烹制，故香味浓烈。著名菜肴有糟熘虾仁、干菜焖肉、沼虾球、头肚须鱼、鉴湖鱼味、清蒸鳜鱼等。

温州古称"瓯"，地处浙南沿海，当地的语言、风俗和饮食都自成一体，别具一格，素以"东瓯名镇"著称。温州菜也称瓯菜、匝菜，以海鲜入馔，口味清鲜，淡而不薄，烹调讲究"二轻一重"，即轻油、轻芡、重刀工。代表名菜有三丝敲鱼、双味蛴蟮、橘络鱼脑、蒜子鱼皮、爆墨鱼花等。

第十一章

服饰：锦绣文章，华服霓裳

 玄端

　　玄端是古代诸侯、大夫以及士在祭祀时候穿的布做的服装，举行冠礼、婚礼也可以穿。《仪礼·士冠礼》说："玄端、玄裳、黄裳、杂裳可也。"

　　华夏乃礼仪之邦，其中很重要的一点就是注重讲长幼有序、男女有别。汉朝以前的最高礼服服种之间都有特定的含义，比如男子上衣下裳，主要取上法先王古制的意思，而女子衣连裳，主要寓意德贵专一。在穿衣的时间上也有讲究，比如男子早上要穿玄端，到了傍晚就要换深衣。据说是因为早上的礼仪更郑重。由此看来，玄端其实是很规范的男子礼服。

　　在汉朝，玄端是通用的朝服及士礼服，是华夏礼服衣裳制度（衣分两截，上衣下裳）的体现。后深衣流行玄端逐渐废止，直到明代恢复古玄端制而造"忠靖服"。

　　从制作方法上，玄端服为上衣下裳制，玄衣用布十五升，每片布长二尺二寸，因为古代的布幅窄，只有二尺二寸，所以每幅布都是正方形，端直方正，故称端。又因玄端服无章彩纹饰，也暗合了正直端方的内涵，所以这种服制才被称为"玄端"。所谓衣裳之制，玄端主之。可以临祭，可以燕居，上自天子，下及士夫。

 **襦裙**

据考证是从战国时期开始，到明末清初的"剃发易服"结束，它是汉族传统服装最基本的形式，也是我国服饰史上最早，也是最基本的服装形制之一。2000多年来，尽管长短宽窄时有变化，但基本形制始终保持着最初的样式，即由短上衣加长裙组成，上襦下裙式的套装。

战国时代女性的襦裙就已经出现了，后来一直流行到了汉代，汉代之后，由于深衣的普遍流行，穿襦裙的女性逐渐减少。还有人认为汉代根本不存在襦裙，只是到了魏晋南北朝时才重新兴起。其实，汉乐府诗歌中有不少描写女子穿襦裙的文字，由此可见汉代女子并没有摒弃这种服饰。汉代的襦裙样式，一般上襦极短，只到腰间，而裙子很长，下垂至地。

与其他服装形制相比，襦裙有一个明显的特点：上衣短，下裙长，上下比例体现了黄金分割的要求，具有丰富的美学内涵。它们还有一个共同的特点：平面裁剪，多缘边，绸带系结；上襦变化主要在领形及门襟上，下裙长至鞋面。大凡衣短则裙长，衣短至腰间，裙长至脚踝骨之下；衣长则裙阔，衣长时，长到臀至膝下，而裙露仅几寸，裙子不必显出特色。襦裙忌讳上下平分秋色，会显得呆板少变化。

 唐装

　　唐装沿袭了自东汉以来华夏女子传统的上衣下裳制，因此服装形式上类似汉服，也是襦裙装，这种风格在初唐时期非常流行。唐装上衣的穿法基本上是右衽交领或对襟系上带结，下面的裙子围起来系上长长的裙带，上衣或者掖到里面或者自然地松散着，后来这种松散的上衣不断加长，一直覆到膝盖部，明代发展成了背子。

　　随着发展，唐代的女子上衣种类渐渐分为襦、袄、衫三种。襦是一种衣身狭窄短小的夹衣或棉衣。袄长于襦而短于袍，衣身较宽松，也有夹衣或棉衣。襦、袄有窄袖与长袖两类。衫是无袖单衣，可吸汗，有对襟及右衽两种。唐代，裙子流行高腰束胸，宽摆拖地的样式，既能显露人体结构的曲线美，又能表现一种富丽潇洒的优美风度。

　　到了中晚唐时期，服装中加强了华夏的传统审美观念，开始复古，从以显出女子身材为主逐步恢复到秦汉那种宽衣大袖，飘逸如仙的风格，服式越来越肥，这种风格一直影响到后期华夏女装的基本理念，既宽松随体肥大，这在后来也成了礼教所要求的对象，柔和自然，无形无欲。中晚唐女装华丽大气，一般类似于礼服，在里面直接穿抹胸，抹胸原本是内衣，在唐代和裙子结合形成了一体，它不系腰带，宽松自然。外面直接套上罩衫，罩衫一般很华丽，基本上都是拖摆至地，有的达几米长，衣摆的长短决定着女子的身份地位。

　　现在大陆流行的唐装，不是真正的唐朝的服装，而是由清末的中式着装演化而来的新设计的服装，是唐人街华人的中式着装。这种服装事实上是清朝马褂的延续与改良，属于满服的范畴，与唐朝的服装

（汉服）在风格、款式上面并无丝毫相似之处。目前很多国人都把这种源于唐人街华人的中式着装的满装马褂误认为"唐朝的服装"。

旗袍

旗袍是一种富有传统风情的女性服装，由满族女子的长袍演变而来。由于满族称为旗人，故将其称之为旗袍。在清代，女性服饰可谓满汉并存。清代一开始的时候，满族女性主要穿长袍，而汉人女性穿上衣下裙，并以之为时尚；清中期，满汉两族之间互相仿效；到了清代后期，满族效仿汉族的风气更盛，于是不少满族人将自己的服装改成了汉族服装，有的甚至将宫袍截作短衣裳，可见汉文化对满族文化的影响，而汉族仿效满族服饰的风气，也于此时在一些达官贵妇中流行起来。

到了 20 世纪 20 年代，受西方服饰影响，经过改进之后的旗袍逐渐在广大女性中流行起来。这种旗袍是汉族女性在吸收西洋服装样式后，通过不断改进流行起来。到了民国时期，旗袍成为中国女性穿着的一种常见的带有传统风格的长衫。

旗袍的外观特征比较显著，一般具有以下特征：第一，右衽大襟为开襟或半开襟形式，立领盘纽、摆侧开衩；第二，单片衣料、衣身连袖的平面裁剪。当然开衩只是旗袍的很多特征之一，并不是唯一的，也不是必要的，在当时有不少旗袍并不开衩。

满族旗装一般采用平直的线条，两边开叉，衣身宽松，胸腰围度与衣裙的尺寸比例较为接近；在袖口领口有大量盘滚装饰。满族旗装上是工艺精细的手工制作品，比如各种刺绣、镶、嵌、滚等工艺。而近代旗袍不一样，它实际上进入了立体造型时代，衣片上出现了省道，腰部更为合体并配上了西式的装袖，旗袍的衣长、袖长大大缩短，腰身也更为合体，刺绣精细。与满族旗袍不同，近代旗袍由式样简洁合体的线条结构代替精细的手工制作。

总体看来，旗袍是一种内与外和谐统一的典型传统旧时时装，被誉为近代中国女性时装的代表。它以其流动的旋律、潇洒的画意与浓郁的诗情，表现出近代中国女性贤淑、典雅、性感、清丽，诠释着20世纪上半叶中国城市女性特有的时尚性情与气质。

第十二章

传统节日：留住温情的烙印

 春节

　　春节，即农历新年。传统意义上的春节是指从腊月初八的腊祭或腊月二十三的祭灶，一直到正月十五，其中以除夕和正月初一为高潮。中国的春节不仅有着深厚的历史文化渊源，还有着颇具特色的节日习俗。

　　春节俗称过年，是中华民族最隆重的传统佳节。春节的历史十分悠久，而关于春节的起源，有着多种不同的说法，但其中为公众普遍接受的说法是，春节源于殷商时期人们年头岁尾的祭神祭祖活动，相传当时舜即位做了天子，带领部下人员祭拜天地。从此，人们就将这一天当作一年的开始，把这一月称为元月。

　　然而在历史的流传中，"春节"这个词，在不同的历史时期，有不同的特指和内涵。汉朝时，人们把二十四节气中的立春称为春节。在魏晋南北时期，整个春季都被称为春节，直到1949年，在中国人民政治协商会议第一届全体会议上，通过了使用世界上通用的公历纪元，把公历的元月一日定为元旦，俗称阳历年。农历正月初一通常都在立春前后，因而把农历正月初一定为"春节"，俗称阴历年。现代意义上的春节正式固定下来。

　　在春节这一传统节日期间，我国的汉族和多数少数民族都要举行各种庆祝活动，这些活动的主要内容大致为祭神拜祖、除旧迎新、祈求丰年、相互祝愿等，活动形式丰富多样，场面热闹异常。

贴春联

春节期间一个富于特色的习俗就是贴春联，无论在乡村还是在城市，到了除夕这天，人们一大早都会精心选择一幅大红春联贴于门上，增加春节的喜庆气氛。

春联是楹联中的一种，也叫门对、春帖、对子，因为多在春节期间张贴，所以在正式的场合一般都称为春联。其他国家的文化传统中并没有春联这一种文学形式，只有中国才有。而我们现在所说的一幅完整的春联一般包括上联、下联和横批，横批主要张贴在门楣中央的横木上，上联和下联则分别张贴于门的两侧。春联所用的语言对偶、工整、简洁、精巧，常用于描绘时代背景、反映生活变化、抒写美好愿望等。

在中国，春节张贴春联的习俗历史悠久，究竟起源于什么时候，目前还没有准确翔实的资料可供查证。比较通行的说法是，这一习俗大约起源于一千多年前的后蜀时期，这是一些学者通过史料分析而得出的结论。此外，有学者根据《王烛宝典》《燕京岁时记》等著作记载考证得出，春联的原始形式是周代悬挂在大门两旁的长方形桃符。

相传在五代时，西蜀的国君突发奇想，让人在桃木板上写了两句表达美好祝愿的话，作为桃符挂在他的住室的门框上。到了宋代，在桃木板上写对联的现象已经非常普遍了。不仅如此，在很多地方，人们已经不用桃木板，而改用了一种叫作"春贴纸"的纸张。纸上书写文字的内容一般都是祝愿性的，包括祈求来年福运降临、祈求五谷丰登等。这一习俗不仅是为了驱邪避灾，还传达出人们的美好愿望。

到了明代初年，"春联"这个词正式出现了。当时的明太祖朱元璋出身贫寒却喜欢排场和热闹，当他即位后，看到大户人家每到除夕贴的桃符非常喜欢，于是决定推广一下。便颁布圣旨，要求金陵的每户人家都要用红纸写好春联贴在门框上，来迎接新春，而且亲自挨家挨户地查看。这一习俗就此流传开来。

在春节期间，除了贴春联，中国很多地方还有贴门神和贴"福"字的习俗。很多人家喜欢在屋门上、墙壁上、门楣上贴上大大小小的"福"字，以这种方式来祈求福气、福运的到来，寄托对美好生活的向往。随着历史的发展，"福"字的图案也变得越来越精致和多样化，有寿桃、寿星、鲤鱼跳龙门、五谷丰登、龙凤呈祥等，都是吉祥和幸福的象征。

在原先的时候，"福"字一般都是正着贴的，到后来，有些人为了更充分地体现这种自己的希求和向往，便干脆将"福"字倒过来贴，表示"幸福已到""福气已到"的意思。

这一"福"字倒贴的习俗，起源于清代恭亲王府。相传春节前夕，恭亲王府的大管家为了讨主子欢心，便命家人在贴春联的同时在大门口及家中张贴大大的"福"字，有一个家丁因为不识字，竟然把大门上的"福"字贴倒了，恭亲王福晋看了，非常生气。

此时大主管灵机一动，忙跪下说："奴才常听人说，恭亲王寿高福大造化大，如今大福真的到（倒）了，乃吉祥之兆。"恭亲王福晋一听，心中非常高兴，不仅没有责罚那位家丁和主管，还奖赏了他们。

从这以后，倒贴"福"字的习俗就慢慢流传开来，不仅是达官贵人，寻常百姓人家也喜欢将"福"字倒过来张贴，在贴的时候还不忘念叨几句："福到了！福到了！"以图吉利。

吃饺子和年糕

到了除夕之夜，中国的很多地方尤其是北方地区有吃饺子的习俗，关东地区甚至有"穷过年，富过年，不吃饺子没过年"的说法。这是因为饺子的"饺"和"交"谐音，"合"和"交"有相聚之意，同时有年份更替的意思。同时，因为饺子形似元宝，所以在过年的时候吃饺子还有"招财进宝"的寓意。

中国人春节吃饺子的习俗历史悠久。据三国魏人张揖的《广雅》记载，那时已有用面制成的形如月牙的食品，形状与现在的饺子一样，只是被称为馄饨。到了南北朝时期，春节期间吃这种食品在民间已经十分普遍了，只是在当时，这种面食在煮熟后是和汤盛在碗里一起吃的。大约到了唐代，饺子的外形和吃法就变得和现代一样了。

在现代的春节，中国的平常人家通常一家人都会聚在一起包饺子，人们常常将金如意、糖、花生、枣和栗子等包进馅里。这些东西都有着美好的寓意，吃到糖和如意的人，预示着来年的日子会更甜美如意；吃到花生的人预示着将会健康长寿，发大财；吃到枣和栗子的人生活将更加幸福美满。

在一些地区，人们还有过年吃年糕的习俗。

年糕多用糯米磨粉制成，制成糕饼状。它的种类有很多，比较有代表性的有北方的白糕、塞北农家的黄米糕、江南水乡的水磨年糕、台湾的红龟糕等。其中南北地区的年糕风味很不一样。北方的年糕多甜味的，制作的方式有蒸和炸两种；南方则甜咸都有，制作的方式也更为多样，除蒸、炸外，有片炒和汤煮等。

年糕不仅是人们爱吃的一种美食，还寄托着人们的美好祝愿。年糕又被叫作年年糕，这个词与"年年高"谐音，象征着人们的工作和生活一年比一年提高。

围炉守岁

在中国，除夕守岁是一项最重要的年俗活动。吃过丰盛的年夜饭之后，全家人便会围坐在火炉旁一边闲聊，一边品尝瓜果糕点，除夕这晚整夜都不睡觉，一起等待新一年的到来。关于这一习俗的由来，民间流传着一个有趣的故事：

相传太古时期，有一种凶猛的怪兽叫作"年"，它们生性残忍，虽然居住在深山密林中，但也时不时地会到人居住的地方来吃人。后来，人们了解了"年"的活动规律：它每隔365天便会出来危害村民，而且出没的时间都是在天黑以后，天亮时便会返回山林中。于是，到了"年"要到村子里来肆虐作恶的日期，每家每户都会提前将家中的好东西藏起来，大门紧闭，窗户关得严严实实的，躲在屋里吃"年夜饭"。吃过晚饭后，谁都不敢睡觉，挤坐在一起闲聊壮胆。后来逐渐形成了除夕熬年守岁的习俗。

而且，在守岁之时，人们吃的各种食物都是有讲究的。在北方，人们一般喜欢将大米和小米混合着来煮，黄白相间的"金银饭"象征着"有金有银，金银满盆"。而人们所吃的各种水果，也都有着美好的寓意。苹果象征着平平安安；杏仁代表幸福人；枣代表春来早；柿饼代表事事如意；而长生果代表长寿健康；等等。

以前，在守岁期间，有的人家还会进行一些增进家人感情交流的活动，如讲故事、猜谜语等，不过现在守岁之时大家更习惯于观看春节联欢晚会，就这样，一家老小在守岁的过程中边吃边乐，交流情感，其乐融融。

拜年和压岁钱

在中国，春节拜年也是一中很有特色的传统节俗。新年的第一天，全家人早早地起来，走亲访友，以吉祥的话语向对方祝贺新年。

这一习俗起源于明朝。在当时的京都，朝官往来，不管认识与否都要互相拜年，百姓则会在春节期间到亲朋好友家拜年。拜年时，一般是晚辈要先给长辈拜年，说一些吉祥如意的祝福话。

拜年的形式有很多种，有的是同宗族的族长带领一些人挨家挨户地拜年；有的是全家人相邀去亲戚家拜年；有的是大家聚在一起相互祝贺；而对于那些左邻右舍的街坊，会在见面的时候抱拳说些如"恭喜发财""万事如意"这类的吉祥话，有时也到屋里去小坐一会儿。

到了大年初二，是出嫁的女儿带丈夫、孩子回娘家拜年的日子，如是新婚第一年回娘家拜年，还要准备很多礼品，在进门前放一串鞭炮以表告知。

拜年时，长辈通常都会给年幼的晚辈一些压岁钱以表达祝愿。压岁钱主要有两种：一种是用彩绳穿线编作龙形，趁孩子熟睡时悄悄地放在其枕头底下；另一种则是长辈先将钱用红纸包裹好，然后在晚辈拜年后当众赏给，这一种最为常见，而且至今仍然盛行。

相信多数同学在收到压岁钱的时候都很高兴，可关于压岁钱的由来未必人人都知道，下面就来说说吧。

早在我国汉代时期，就有压岁钱出现了。不过当时它被称为"压胜钱"，是一种铸成钱币形状供赏玩的物品，并不在市面流通。这种钱币的正面一般铸有"万岁千秋""去殃除凶"等吉祥话和龙凤、龟蛇、双鱼等吉祥图案。而关于压岁钱的由来，还有个传说故事。

传说古代有一个叫"祟"的小妖，每到除夕之夜都会到人间游逛，还专爱摸熟睡的小孩子的脑门，一旦被他摸了，就会发高烧、说梦话，甚至变得痴呆。大人们都怕他来伤害自己的孩子，于是亮着灯陪孩子玩耍，整晚不睡。

有一户姓管的人家，夫妻老年得子，十分珍爱。在这年除夕之夜，他们在陪孩子玩耍的时候实在是熬不住便睡着了。祟到了他们家，刚想作恶的时候，突然孩子枕边发出一道金光，吓得它逃走了。原来，这道亮光是孩子枕边的钱币发出的。

很快，这件事就传开来，大家纷纷效仿，在大年除夕夜里用红纸包上钱给孩子，祟就不敢再来侵扰了。人们把这种钱叫"压祟钱"，因为"祟"与"岁"发音相同，后来就慢慢地成为"压岁钱"了。

 元宵

"去年元夜时，花市灯如昼。月到柳梢头，人约黄昏后。"这是宋代著名诗人欧阳修所写的一首关于元宵节的诗歌。每年的农历正月十五日便是元宵节。

元宵节也是中国人民的传统佳节，至今已有两千多年的历史了，早在两千多年前的汉文帝时期，正月十五已被命名为元宵节了。节日期间的热闹程度堪称中华民族狂欢节。

按照农历的说法，正月即是元月，古代的人也称之为"宵"，而正月的十五又是一年中第一个月圆之夜，所以这天就被称为元宵节。到汉武帝时，还会在这一天举行重大的祭祀活动。后来，在司马迁创建"太初历"时，将元宵节确定为重大的节日。人们常常会在这一天进行一些祭神拜祖、点灯敬佛之类的活动。

随着社会的进步和时代的变迁，元宵节这一传统节日仍然流传了下来，只是节日的风俗习惯已经有了较大的改变，现在，人们常常会在这天点起彩灯万盏，以示庆贺，然后出门赏月、燃灯放焰、喜猜灯谜、共吃元宵，合家团聚、同庆佳节，表达对新一年的美好期待与祝愿。

正月十五吃汤圆

汤圆是元宵节的特色食品，因为一般多在元宵佳节时食用，所以人们也常常称它为"元宵"，一些做生意的人还会称之为"元宝"。尽

管全国各地元宵样式繁多，风味不尽相同，但都有团圆的寓意，象征全家人团团圆圆，和睦幸福。在中国台湾的民谣中还有"吃了汤圆，好团圆"的说法。

元宵节吃汤圆的习俗在宋代的时候就已经流传开来了。宋朝时期，中国民间流传着一种元宵节吃的新奇食品，这种食品主要用各种干果做馅，外面用糯米粉包裹着搓成球，煮熟后吃起来香甜可口。由于这种食物在煮的时候会不断地沉沉浮浮，到最后完全浮于水面就可以吃了，所以又被称为"浮元子"，后来人们根据形状又称为"汤圆"。最迟到了明代，这一称呼和做法就流传得很普遍了。在之后的历史发展中，它的制作工艺越来越精细，口味也越来越多样化。

关于元宵和汤圆的称呼，在中国近代还有一段有趣的故事。1912年，袁世凯篡夺革命成果，一心想当皇帝，但又很担心激起民愤。在这年的元宵节时，更是觉得终日忐忑不安，因为"元"和"袁"、"宵"和"消"同音，他担心自己会被消灭，于是就将元宵改为汤圆。袁世凯垮台后，大部分地区恢复了元宵的名称。

现如今，吃元宵已经成为了元宵节重要习俗活动，人们在这天一定会自己制作或购买美味的元宵，全家一起来分享。

赏灯

元宵节也称灯节，在这天，人们一般都会点灯、赏灯。

关于元宵节点灯和赏灯的习俗，在中国民间有多种说法。一种说法认为这一习俗源于汉代的汉明帝弘扬佛法的活动。汉明帝推崇佛法，当时又正逢蔡愔从印度求得佛法归来。蔡愔说，正月十五这天，是参佛的吉日良辰。印度的众多僧人都会云集寺庙，瞻仰佛舍利，为了弘扬佛法，汉明帝听后就下令正月十五这天晚上在宫中和寺院"燃灯表佛"，之后，这一习俗便被推广并长久流传。

还有一种说法认为这一习俗起源于道教的活动。《岁时杂记》记载，道教有"三元"之说，正月十五为上元节，七月十五为中元节，十月十五为下元节。天、地、人三官分别主宰着这三元，而天官又非常喜欢热闹，所以每逢元宵节，人们都要举行热闹庆祝活动，放灯、观灯，因此这个节日也被叫作灯节或灯夕。

另一种说法则认为这一习俗起源于民间为祈求丰收的火把节。据说在中国汉代时期，社会生产力非常低下，民众通常都会在一年之始的月圆之夜手持火把到田间驱赶害虫，希望庄稼少受侵害，来年能有个好收成。到了隋、唐、宋时期，这一习俗非常兴盛，有时参加跳舞的人数多达数万人，从黄昏一直到黑夜，然后又到天黑。直到今天，中国西南的一些地区在元宵节这天一大群人聚在一起高举着用芦柴或树枝做成的火把，在田间和地里欢快地跳舞。

尽管有着各种各样的传说，但这一习俗始终是流传了下来，现在，中国的很多地区都会在这一天举办隆重而热闹的灯会，灯的样式也变得越来越多样。

除此之外，元宵节赏灯是一项浪漫的活动。在专制的传统社会中，女子是不能随便出门的，可元宵节这么盛大的节日是例外。这天，女子能得到父母的允许结伴出游，未婚男女可以借着赏花灯的机会互相认识，男女青年也可以借此机会与情人相聚。辛弃疾在那首很著名的词《青玉案·元夕》中写道："众里寻他千百度，蓦然回首，那人却在灯火阑珊处。"就是描写了元宵节绚丽多彩的热闹情景。

猜灯谜

元宵节这天，人们还有猜灯谜的习俗。猜灯谜又叫打灯谜，最早大约出现在宋朝。有历史文献记载："元宵佳节，帝城不夜，春宵赏灯之会，百姓杂陈，诗谜书于灯，映于烛，列于通衢，任人猜度。"所以称为"灯谜"。

实际上，灯谜是由一般的谜语发展而来的。在中国，谜语的历史非常悠久，早在春秋战国时期，诸子盛行游说之风，一些人担心直接说出自己的见解会得罪国君，便将自己想说的内容用别的话语来暗示，这种隐语后来就慢慢发展为谜语的形式。因为谜语能启迪智慧又很有趣，所以流传下来深受社会各阶层的欢迎。到了南宋时期，有些人把自己想的一些谜语写在纸条上，贴到五光十色的彩灯上供人猜，没想到这种做法得到了很多人的欢迎和追捧，变得越来越流行了。灯谜的说法也由此而来。到了明清时期，在元宵节这天，人们都要张灯猜谜，场面热闹非凡。

与此同时，灯谜的内容变得越来越丰富多彩了，上自天文下至地理无所不包，不仅能抒怀遣兴，还能锻炼思维，启发人们思考。作为一种益智活动，它不单在中国国内盛行，在国外的一些中国人聚居地方也慢慢盛行起来，如美国的唐人街、东南亚等各地，每逢元宵佳节也会举办灯谜会，颇受人们喜爱。

耍龙灯、划旱船和踩高跷

随着社会的发展，元宵节的活动越来越丰富。在中国的不少地方，人们还会在元宵节这天进行耍龙灯、舞狮子、踩高跷、划旱船、扭秧歌、打太平鼓等传统民俗表演。

耍龙灯又叫舞龙或是龙灯舞。在中国古代，龙一直被人们当作吉祥的化身。人们对它非常敬畏，并用耍龙灯这种形式来祈求龙的保佑，以求得风调雨顺、五谷丰登。这一习俗在我国的汉代时期已经非常普遍了，唐朝时还出现了大规模的舞队表演。在历史的传承中，耍龙灯的习俗渐渐演变为一种形式活泼、动作优美、场面热闹的民间舞蹈。

龙灯分为龙首、龙身、龙尾，通常是由竹篾扎成，然后在外面糊纸，再画上图画或添上色彩。龙身通常都是由很多节组成，每条龙的节数为单数，如九节、十一节和十三节等。而且在每节中间的空心位置都会点上蜡烛，在有些地方，人们还会用桐油、棉纱或灯草做成油捻代替蜡烛。

在不同的地区，耍龙灯有着不同的风格和形式。在形式上主要有单龙戏珠与双龙戏珠两种。

在表演的耍法上，因地域不同，方式也各有特色。耍九节龙的主要侧重于花样技巧，较常见的动作有：蛟龙漫游、龙头穿花、头尾齐钻、龙摆尾和蛇蜕皮等；耍十一、十三节龙的，主要表演蛟龙的动作，就是巨龙追捕着红色的宝珠飞腾跳跃。表演者大显身手，观赏者看得津津有味。

和耍龙灯一样，不少地区还会划旱船和踩高跷。相传划旱船的习俗是为了纪念治水有功的大禹。所谓的旱船并不是真的船，而是用两片薄板锯成船形，用竹木扎成，再蒙以彩布，套系在姑娘的腰间，如同坐于船中一样，手里拿着桨，做划行的姿势，一面跑，一面唱些地方小调，边歌边舞，这就表示划旱船了。

而高跷原来就是我国古代的百戏之一，早在春秋时代就已经出现了，在民间，高跷的高度并不是固定的，分高跷、中跷和跑跷三种，最高的高达一丈多。表演者不但要踩着很高的木头行走，在这个过程中还会扮一些滑稽相，甚至会进行一些表演，如跳跃和舞剑等。这一新奇的技艺表演受到人们的喜爱。

 清明

"清明时节雨纷纷，路上行人欲断魂。借问酒家何处有？牧童遥指杏花村。"唐代诗人杜牧这首脍炙人口的诗歌描写的就是清明时节的情景；在现在的国宝级画作《清明上河图》中，宋代画家张择端也对汴京清明时节的热闹场景有所描述。

清明不仅是中国的一个传统节日，还是二十四节气之一，时间约在阳历的 4 月 5 日前后。因为这一时节的气候适合万物生长，正是春耕春种的大好时节，所以人们常常在此期间安排农事活动。关于清明之名的由来，《岁时百问》中是这样说的："万物生长此时，皆清洁而明净。故谓之清明。"在民间，还流传着"清明前后，点瓜种豆""植树造林，莫过清明"的农谚。在历史上，中国向来是一个重视农业的国家，由于清明在季节变化中的这种重要地位，再加上祭祖、寒食等活动，便成为了中国最重要的节日之一。

我国传统的清明节大约起始于周代，至今已有两千多年的历史。只是在古代，清明节又被称为三月节。在这一天，人们会举办一些丰富的民俗活动。除了禁火、扫墓，还有踏青、荡秋千、蹴鞠、打马球、插柳等一系列风俗活动，可以说是一个极富特色的传统节日。

寒食节与禁烟火

不动烟火、只吃凉食是人们在清明节时的一个风俗习惯。其实，这一习惯原来是寒食节的重要内容。寒食节，又称禁烟节、冷节。时

间一般为冬至之后的105天，也就是清明前后的一两天。节日期间的主要习俗就是禁止烟火、不许生火煮食，只能吃原先已经准备好的食物。后来，因为寒食节和清明节的日子接近，渐渐地，就合二为一了。而且，寒食不仅被作为了清明的别称，还成为了清明节的一个习俗。清明节不动烟火、只吃凉食的习惯也就流传开了。

而关于寒食的来历，民间普遍认为与著名人物介子推有关。相传春秋战国时代，晋献公的妃子骊姬为了让自己的儿子奚齐继位，就设毒计谋害国君的其他孩子。公子重耳为了躲避祸害，流亡出走。

在流亡期间，重耳历经千辛万苦，原先跟随他的很多臣子都自谋出路去了，只剩下几个人跟随，介子推就是其中的一个。介子推忠心耿耿，有一次，为了救因为饥饿而晕死过去的重耳，他居然从自己腿上割下了一块肉，用火烤熟了送给重耳吃。

多年以后，重耳终于结束了流亡生涯，回国做了君主，即春秋五霸之一的晋文公。晋文公执政后，重重封赏了那些和自己同甘共苦的臣子，却唯独忘了介子推。后来经人提醒，觉得心中很愧疚，于是马上派人去请介子推上朝受赏封官。

晋文公派人请了好几次，他就是不肯出来接受封赏，于是文公只好亲自去请。没想到，当晋文公来到介子推家时，只见大门紧闭。原来，介子推因为不愿意见他，已经背着老母躲进了绵山。

见此情景，晋文公便让他的御林军上绵山搜索，找了很久都没有找到。这时，有人提议放火逼介子推出来。晋文公采纳了，谁知大火烧了三天三夜熄灭后，还是不见介子推出来。上山一看，介子推母子俩抱着一棵烧焦的大柳树已经死了。晋文公望着介子推的尸体痛哭了一场，然后把介子推母子安葬在那棵烧焦的大柳树下。

为了纪念介子推，晋文公就下令把绵山改为介山，还在山上建了一座祠堂，而且把放火烧山的这一天定为寒食节，下旨让全国的百姓都知道，并且规定在这天只吃寒食、禁烟火。

第二年，晋文公领着群臣，到介子推的墓前哀悼，只见那棵老柳树死树复活，又生长出很多新的枝条，于是晋文公把这棵复活的老柳树赐名为"清明柳"，又把这天定为清明节。

在这之后，寒食节的由来传说和清明节只吃寒食的习俗就一直流传于民间，几乎家喻户晓。

扫墓祭先人

清明节是我国传统节日，也是最重要的祭祀先人的日子，汉族和一些少数民族多会在清明节这天扫墓祭奠先人。

清明扫墓，是缅怀祖先、表达哀思的一种方式。这一习俗由来已久。其实，早在秦朝时期，扫墓活动便出现了，只是在那时这一活动并不一定是在清明时节才进行。秦朝以后，清明扫墓的习俗就渐渐形成并最终固定了下来。到了唐朝时期，清明扫墓开始盛行，直至今日。

清明时节的祭扫仪式形式有很多，由于地域和家庭条件的不同，祭扫的方式也不尽相同。

按照旧的习俗，扫墓时，人们会携带酒食果品、纸钱等物品到墓地，先将食物供祭在亲人墓前，点上香，再将纸钱焚化，为坟墓培上新土后，还要折几枝嫩绿的新枝插在坟上，然后叩头行礼祭拜，最后吃掉酒食回家。唐代诗人杜牧的诗《清明》一诗就生动形象地写出了清明节的特殊气氛。

铲除坟头的杂草、修整阴宅是清明扫墓活动的组成部分。这是因为在中国古代，房子一般都是用茅草和木材建筑而成，屋顶也是用树皮或者草遮盖的。春天一到，雨水增多，为了防止屋顶漏雨，民间的百姓一般都会在这个季节修补房舍。一些人由此想到逝去的亲人，田间坟头经过风吹雨淋，难免会有塌陷之处。于是在清明时节到坟头铲除杂草，用新土将坟堆加高加固，整修阴宅，以此表达对先人的哀思和怀念。

另外的一项活动就是焚香和"烧包袱"。"包袱"指的是孝属从阳世寄往阴间的邮包，在最外层的纸上印有图案并写上亡人的名讳，中间装有冥钱。

在山西南部地区，到了清明节，每户人家无论男女老少都得到场，以此来表示所有的后代都在怀念祖先；而在北部地区，清明扫墓的时候一般多是男子参与，而女子通常是不能去的。

清明扫墓的习俗一直延续到现在，但随着时代的发展，扫墓的活动逐渐被简化了。一般扫墓当天，子孙们首先会修整和清理先人的坟墓及周围的杂草，然后供上食品和鲜花等。而且，由于现在遗体火化越来越普遍，前往骨灰放置处拜祭先人的方式在逐渐取代扫墓的习俗。

在现在，清明节选花是有所讲究的。一般来说，祭奠时应该选择素色的花。白百合、马蹄莲等用于扫墓是比较合适的，因为这些白色的花表达的是一种哀悼之情。而白玫瑰、栀子花、菊花或另一些素色的花象征着惋惜和怀念。当然，还有的人偏爱蓬莱松、排草等有庄严肃穆、旺盛生命力意味的朴素植物。随着社会的发展，有些人在选择用花的时候就不拘泥于这些了。

踏青和插柳

清明节时春风明媚，百花盛开，柳树繁茂，自然界到处呈现一派生机勃勃的景象。这个季节也正是人们春游的好时候，所以古人在清明时节一般都会走出屋舍，到郊外去踏青，并开展一系列体育活动。

踏青习俗由来已久，传说远在先秦时已形成，但也有一些学者认为踏青这一习俗始于魏晋。虽然我们今天很难考证这两种说法哪一种才是正确的，但可以肯定的是，中国在晋代时期确实有清明踏青的习俗，《晋书》中有明确记载，说是每年春天，人们都要结伴到郊外游春赏景。到了唐宋时期，这一习俗已经非常盛行了。宋庄季裕《鸡肋篇》卷上就说："寒食上冢，亦不设香火。纸钱挂于茔树。其去乡里者，皆登山望祭。裂帛于空中，谓之掰钱。而京师四方因缘拜扫，遂设酒馔，携家春游。"此后，历代都承袭着这一习俗。

清明踏青对人的身体是很有好处的，常常能让人的身心得到放松，给人一种舒适之感。多外出走走能活动筋骨、锻炼身体，在乡村或郊外呼吸新鲜空气，能清肺健脾，置身于山水之间，饱览绿色，放眼远方，能缓解眼睛疲劳。

与踏青一样，插柳也是清明节的习俗。清明时节，古时的人们在踏青、扫墓、上坟时都要栽柳，而且会在自家门口插上柳枝。而关于插柳习俗的来历，民间也有着几种说法。

一种说法认为清明插柳的习俗是为了纪念尝百草而且对中国的农业作出了重要贡献的神农氏。

另一种说法则强调了柳条驱鬼辟邪的作用。在古时候，中国人认为清明、七月半和十月朔这几天是百鬼出没的时节，所以就将它们定为三大鬼节。而且，受佛教的影响，人们认为鬼怪很怕柳，有观世音以柳枝蘸水济度众生的传说。而且在北魏贾思勰《齐民要术》中有相关的记载："取柳枝着户上，百鬼不入家。"所以清明这天，人们便会采折柳条和插柳来辟邪。

还有一种说法则是认为，插柳这一习俗起源于唐代。清明时节，万物繁茂，毒虫和病菌也很猖獗。由于社会生产力低下，当时的人认为春天在野外祭祀时，头戴柳枝可以摆脱毒虫的伤害。所以人们常常会在外出的时候编柳条圈戴在自己的头上或是在屋舍前插上柳枝以避虫害。宋元以后，清明节插柳的习俗更是盛行，几乎家家户户都会外出踏青，然后折一些柳条回来插在自家门口以避免虫疫。

另外，古时有人会把柳枝插在屋檐下以预报天气，古谚有"柳条青，雨蒙蒙；柳条干，晴了天"的说法。同时，柳枝是旺盛生命力和希望的象征。这是因为柳条很容易生存，只要将其插入土中，便能成活，而且不用几年就能长得非常繁茂。民间就有句很形象的俗话："有心栽花花不发，无心插柳柳成荫。"

放风筝

放风筝是清明时节普遍流行的习俗。在中国，每逢清明前后，无论是在宽阔的广场，还是在田间街头，都有手牵风筝的长线奔跑竞比的情景出现。从古至今，这一习俗一直被沿袭了下来。清代诗人高鼎在他的诗中描述了这一场景："草长莺飞二月天，拂堤杨柳醉春烟。儿童散学归来早，忙趁东风放纸鸢。"

风筝又称风琴、纸鹞、鹞子或纸鸢。风筝的历史很悠久，只是最初的风筝完全是木制的，也称"木鸢"。早在春秋时期，著名的建筑工匠鲁班就曾制作出能飞上天空的木鸢。后来，随着造纸术的发展，风筝的制作材料也变得更轻便了，出现了以竹木为架、用纸糊、绳牵的纸鸢。

在古代很长的一段时间内，风筝主要用于军事目的。楚汉争霸时，韩信就利用风筝来测量距离，以此来确定地道的长度；南朝作战时，有士兵曾将风筝作为从高处降落的工具；唐朝的张丕被围困时曾利用风筝传信求救兵，取得了成功。放风筝成为一项民间娱乐游戏是在宋代以后，到了元代，这一活动得到推广并远播到欧洲一些国家。清代时，风筝的制作工艺更加成熟，出现了北京、天津、潍坊、南通四大风筝产地。后来，潍坊还成为了闻名遐迩的风筝之都，每年清明前后当地都会举办国际风筝博览会。

中国传统的风筝一般分为硬翅、软翅、伞形、桶形、长串等，品种繁多，形式多样。根据地域的不同，风格和形态也是不一样的。而且，制作风筝对做工技艺非常讲究，在扎细竹骨架、糊纸绢、绘图、调准牵线等各道工序上都要一丝不苟，否则风筝就很难飞上天空。

古时候，人们不仅白天放风筝，晚上也放。天黑以后，人们会在风筝上挂一些彩色的小灯笼，让它们随着风筝飞上天空，一闪一闪的，就像是"神灯"一样。而且在过去，放风筝不仅仅是为了游乐，更主要的目的是放走晦气，祈求除病消灾。人们一般会在风筝上写自己所知道的一些疾病，等风筝飞上蓝天后，就剪短牵线，任凭风筝被风儿带走，以此象征着疾病、晦气都让风筝带走了。

另外，在传统的观念中，放风筝是有所忌讳的。那就是不能捡人家放掉的风筝再放，否则会染上晦气。甚至在北方民间有风筝挂在谁家树上，谁家就会遭遇灾难的说法。但是发展到今天，这些观念已经很少人在意了，人们更多关注的是放风筝的娱乐价值和锻炼身体的功用。

 端午

端午节是中华民族的传统节日，时间为每年农历的五月初五。根据有关的资料统计，在我国的诸多传统节日中，端午节堪称节日别名之最，它的名称多达二十多个，如端五节、午日节、重午节、地腊节、中天节、浴兰节、夏节等。在这些名称中，端午节是最常用的。这一名称的由来是这样的："端"是开端、初的意思，所以初五又可以称为端五。而"午"是农历地支纪月中的第五个月份，因此称五月为午月。

很久以前，中国就有端午一说了，在近代人周处《风土记》中记载："仲夏端午，烹鹜角黍。"而关于端午的起源，中国民间更是众说

纷纭，流传较广的主要有如下几种：

民间认同度比较高的一种说法是，端午节是为了纪念伟大诗人屈原。传说百姓们得知屈原投江之后，纷纷划船在江中寻找他的尸体，又因为担心鱼虾糟蹋他的尸体就回家拿来米团投入江中。后来划龙舟和吃粽子就慢慢演变为一种习俗，屈原投江的那天也被称之为端午节。

第二种说法是为纪念伍子胥。伍子胥是吴国功臣，帮助吴王成就了霸业。在打败越国后，吴王变得骄傲轻敌，伍子胥极力劝说吴王，吴王不但不听，还听信谗言，让伍子胥自杀并把他的尸体投入江中。伍子胥含冤死后，变成了波涛之神。所以江浙一带的百姓每逢端午节就要举行祭祀活动以悼念伍子胥。

第三种说法是近代学者闻一多先生在《端午考》与《端午的历史教育》中提出来的。他认为端午节是龙的节日。这一说法得到了学术界很多学者的认同。

还有一种说法认为端午节起源于恶日。因历史上某些坏人生于五月五日，所以人们在这天都会举行一些镇妖避邪的活动，后来也就演变为端午节了。

尽管关于端午节的来历说法不一，但时至今日，中国人民仍然重视并喜爱端午节。国家不仅将端午节作为法定节假日之一，还将其列入了世界非物质文化遗产名录。并且，人们一直继承和发扬着端午节的优良习俗。

赛龙舟

端午节中最富有特色的习俗之一是赛龙舟。这一习俗至今在我国南方仍然很流行，民间相传它是由古时楚国人舍不得屈原投江死，所以划船追赶和营救这一活动演化而来。

事实上，龙舟一词在我国出现得很早，最早可见于先秦古书《穆天子传》卷五中的"天子乘鸟舟、龙舟浮于大沼"这句话。而龙舟竞渡一说早在战国时代也有了。那时的人们边快速击鼓，边划着刻成龙形的独木舟，比赛看谁划得快，以此来娱神和自乐，这是一种兼有宗教性质和娱乐性质的活动。

因为起初是一种带有宗教色彩的活动，所以原来在赛龙舟前往往会伴有一些祭祀、纪念之仪式，如点香烛，烧纸钱，供以鸡、米、肉、供果、粽子等。而且在过去，人们祭祀龙神庙时气氛非常浓，这样做的目的是祈求风调雨顺、农业丰收、祛邪避灾，也就是现在人们常说的要"图个吉利"。后来，随着时代的发展，这些仪式活动越来越简化了。赛龙舟的娱乐性在慢慢增强，仪式功能慢慢被弱化了。在唐、宋、元、明、清的历史文献中，各代帝王都有在水边观看赛龙舟的记载，但作为节日游乐的意义更大一些。

现今，中国的一些地区在每年的端午节都会举办龙舟比赛，比赛要求在规定距离内同时起航，最先到达终点者胜出。由于地域和文化等的不同，人们关于这一节日习俗的由来和纪念意义的说法也是不一样的。如在江浙地区，赛龙舟是为了纪念曹娥或伍子胥。在广州等地，赛龙舟之前，要先请龙、祭神，祭拜之后，安上龙头、龙尾，再准备竞渡。而且，一般会买一对纸制小公鸡置龙船上，认为这样可以保佑船平安。而在湖南、湖北等一些地方，人们赛龙舟是为了纪念屈原。一些地区在比赛之前还要先到庙堂前，将龙头供在祠中祭拜，然后在龙头上盖上红布，再放在船的前方，既拜龙神，又纪念屈原。

1980年，赛龙舟被列入中国国家体育比赛项目。之后，赛龙舟的国际影响力也在逐年增强，已先后传入了邻国日本、越南以及英国等国家。

吃粽子

"粽子香，香厨房。艾叶香，香满堂。"这是在民间旧时广泛流传的一首关于端午节的歌谣。在现代，一提到端午节，很多人首先想到的也是粽子这一美味的传统节日食品。中国民间多认为端午节吃粽子这一习俗是为了纪念投江而亡的屈原，有着深厚的历史文化积淀。在各地的各种习俗中，端午节吃粽子是流传得比较广泛而且持续时间较长的。

粽子在古时又称为"角黍"。最早提到"粽子"这一名称的是汉代许慎的《说文解字》。而后，明代医学家李时珍的著作《本草纲目》也对粽子有所记述。

早在春秋时期，就有人用菰叶（茭白叶）包黍米成牛角状，因为形状像牛角所以称为"角黍"。在东汉末年，人们常用草木灰水浸泡黍米，然后用菰叶包裹好，此时粽子的形状也不仅限于牛角状，还有四方形的。到了晋代，粽子被正式定为端午节食品，而且此时包粽子的原料更为多样，除了糯米外，会再掺杂一些肉类、板栗、红枣、赤豆等，大致就跟现在的粽子差不多了，当时的粽子在形状上除了牛角形、四方形的，还有三角形、正四角形、尖三角形、方形、长形等各种形状。在那时，粽子不单可以自家食用，还能作为交往的礼品。唐宋时期，端午节吃粽子已经成为了人们的共识，而且粽子制作的工艺得到了很大提高。元、明以后，包粽子的材料已从菰叶变革为箬叶，后来又出现用芦苇叶包的粽子，制作粽子的原料和粽子的品种都变得越来越丰富了。

一直到今天，每年端午节，中国百姓家家都要浸糯米、洗粽叶、包粽子，其形式和种类更为繁多。粽子的馅料根据地方的不同会有所差异。北方多包小枣的北京枣粽；南方则有豆沙、鲜肉、八宝、火腿、蛋黄等多种馅料。其中比较著名的有桂圆粽、肉粽、水晶粽、莲蓉粽、蜜饯粽、板栗粽、辣粽、酸菜粽、火腿粽、咸蛋粽等。

千百年来，端午节吃粽子的习俗在中国流传不衰，后来，这一节日习俗甚至流传到了朝鲜、日本及东南亚诸国。

悬菖蒲、挂艾草

中国有句民谚说的是："清明插柳，端午插艾。"悬挂艾草是中国端午节的又一特色习俗。

古时候，中国民间的百姓认为五月是五毒——蝎、蛇、蜈蚣、蜘蛛、蟾蜍出没的时候，所以常常会想出各种方法预防五毒之害。因而，端午节悬挂艾草及其他一些植物的习俗也与此有关。

端午时节，人们在自家门前悬挂艾草的用意在于驱赶蚊虫，祛邪避灾，招纳百福。艾草，又名家艾、艾蒿。它的茎、叶都含有挥发性芳香油。它所产生的奇特芳香，有驱蚊虫和净化空气的功效。悬挂于门口，有利于身体的健康。《荆楚岁时记》中就记载说："采艾以为人，悬门户上，以禳毒气。"

艾草在我国古代本就是一种药用植物，中医学上常常以艾草入药，这样有理气血、祛寒湿的功能。艾草还可以制艾绒治病灸穴，在我国传统针灸里面的灸法，就是用艾草作为主要成分、放在穴道上进行灼烧来治病的。而有关艾草可以驱邪的传说也已经流传很久了，所以在中国民间，人们在端午时节都会将艾草悬挂于自家门前，以求祛邪避灾、招纳百福。

和悬挂艾草的习俗相类似，中国民间的一些地方还会在门口挂菖蒲、石榴花、榕枝或胡蒜等。

菖蒲是多年生水生草本植物，叶片成剑形，因为生长季节和外形，人们认为它可以感"百阴之气"，像一把除却不祥的宝剑那样能为自己辟邪。晋代《风土志》中记载："菖蒲，或作人形，或肖剑状，名为蒲剑，以驱邪却鬼。"

悬挂石榴花是因为石榴花正是端午时节开放，也是中药材，有治病的功效。又因为榕枝在民间的意义可使身体矫健，而胡蒜或胡椒可以除邪治虫毒。所以，人们在端午节的时候，也会在门前放置这些东西。现如今，悬菖蒲、挂艾草这一习俗在一些地方还完好地保存着，以这种行为来求平安、解灾难。

"斗百草"、"玩击鞠"

"斗百草"和"玩击鞠"都是端午具有代表性的娱乐活动。

关于"斗百草"的起源，至今仍然没有得到确切的考证，但民间普遍认为这一活动与中医药学的产生有关。远古时期，没有球类游戏，没有娱乐活动，更没有电视和网络，当时人们的生活都很单调乏味，所以在闲暇之余，一些人就会斗虫、斗草玩。人们在每年的五月份，也就是现在的端午时节，结伴去山上采药，用不完的，就用来玩耍嬉戏，进行斗草的游戏。"斗百草"游戏的玩法大致可以分为武斗和文斗。其中武斗的方法是：比赛双方先各自采摘具有一定韧性的车前草或疏钝齿，然后相互交叉成"十"字状并各自用劲拉扯，以不断者为胜。而文斗是指只动嘴不动手的玩法，这种方式比的是智慧。比如，以对仗的形式互报花名、草名，多者为赢，或是比赛以花草为题来吟诗作对，这是一种需要具备植物知识和文学知识的益智小游戏。

除此之外，古时民间有打马球的游戏。马球在现代被称为马上曲棍球，在中国古代的时候，人们一般称之为"击鞠""击球"等。游戏的规则是以草原和旷野为场地，将参加的人员分为两队，每个人都骑在马上，持棍打球，每次只能击一次球，以打入对方球门为胜。打马球是唐朝时由波斯传入中国的，唐朝的几个皇帝如唐玄宗、唐昭宗等都是马球迷。后来，由于统治者的大力提倡和带头参与，马球运动也普及到了民间，直到今天，中国的一些地方仍旧保留着这一习俗。

 七夕

中国传统节日中，最富有浪漫色彩的一个节日应该就是七夕节了，它被称为中国的情人节。

七夕节为每年农历的七月初七。相传，在每年的这个夜晚，是天上织女与牛郎在鹊桥相会的时间。织女是一个美丽聪明、心灵手巧的仙女，凡间的少女便在这一天晚上向她乞求智慧和灵巧的手艺，同时会请求她赐给自己美好姻缘。因为活动的主要参与者都是少女，而活动的内容又以乞巧为主，所以后来也有人叫它"乞巧节"或"女儿节"，这是中国古代少女们最为重视的日子。

七夕节起源于汉代，《西京杂记》中有这样的记述："汉彩女常以七月七日穿七孔针于开襟楼，人具〔俱〕习之。"这便是我国古文献中关于七夕乞巧的最早记录。到了唐宋时期，七夕乞巧的习俗越来越盛行。在当时，人们从七月初一就开始办置乞巧物品，乞巧市上热闹非凡。唐宋时期的很多诗词中都对七夕节的热闹场景进行过描述。唐朝诗人王建就有诗说："阑珊星斗缀珠光，七夕宫娥乞巧忙。"到了宋元，七夕乞巧相当隆重，为此京城还专门设有乞巧物品的市场，被人称为乞巧市。

直至今日，这一习俗仍然广泛流传，并且因为节日传说中洋溢着浪漫的爱情色彩，因而特别受到青年男女的喜爱。

穿针乞巧

穿针乞巧是七夕节中最早的乞巧方式，这一形式开始于汉代。《西

京杂记》中记载说："汉彩女常以七月七日穿七孔针于开襟楼，人具〔俱〕习之。"到了南朝时期，穿针乞巧的习俗已经变得很盛行了。

中国古时的穿针乞巧大致可以分为两种，一种是七夕晚上，手拿丝线，对着月光穿针，看谁先穿过就是"得巧"；另一种方式是后来经穿针的习俗中进一步演化而来的，称为投针验巧，主要盛行于明清两代。投针验巧的基本方法为：在七夕的中午将针投入水面，观察针影的形状，以此占卜女红之巧拙，称为浮针、投针。

不管是进行穿针乞巧还是投针验巧，姑娘们一般在此之前都会先进行"拜织女"，拜完之后才会手拿彩线穿针引线。笨拙的女子一时很难将线穿进细小的针眼中，手巧的姑娘则穿线如飞，一口气就能穿七枚针孔，因此也就成为了得巧者，被称为巧手。至于那些穿不到七个针孔的人，则是输巧。这一活动将女红才艺与游戏化的竞赛结合在一起，有着较浓的竞技意味。而后来的浮针、投针，近似占卜的行为，完全靠运气来判定是否得"巧"，游戏的色彩更浓了。

七夕穿针乞巧之后，姑娘们一般还会将自己亲手制作的小工艺品、玩具互相赠送，以此来交流感情。

"拜织女""拜魁星"

"拜织女"和"拜魁星"是七夕节中重要的习俗。"拜织女"可以称之为一场女人们的聚会，参加的人都是少女、少妇。她们大都预先和自己朋友或邻里们约好五六人，多至十来人，联合举办。在参加活动之前，每个人都要先斋戒一天。当天，大家沐浴后再精心梳妆打扮一番，然后穿上漂亮的衣裙，准时到主办的姐妹家集合。主人家中则会在月光下摆一张桌子，桌子上放置茶、酒、水果，还有素有"五子"之称的桂圆、红枣、榛子、花生和瓜子等食物。同时会插好鲜花、点好香炉。

等时辰到了，大家先在案前焚香礼拜，然后围坐在桌前一边吃着食物，一边吟诗作对、行令猜谜、玩七巧板或是演奏乐器。直到半夜十二点仙女下凡之时，大家便会点燃所有的彩灯，然后对着织女的方向在心中默念自己的心事，少女们可以祈求自己嫁个如意郎，少妇们则会许愿早生贵子。到半夜时，大家才会陆续散去。

据说拜织女时，只要马上下拜，说出自己的愿望，不管祈求的是什么，都会灵验。但是所乞求的愿望一次只能有一个，而且要连乞三年才会应验。

除了拜织女，还有一些地方的人会在七夕节拜魁星。魁星其实就是北斗七星的第一颗星魁斗星。民间传说魁星是主掌考运的星宿，个人能否考试考好、能否高中状元全部由他来掌管，古代士子中状元时称"大魁天下士"或"一举夺魁"，就是缘于此。又因为七月七日是魁星的生日，所以在古代，想求取功名的读书人一般都会在这天拜魁星。

求子

种生求子是七夕节中旧时的习俗，寄托着古时候人们的生育信仰。

在七夕前几天，人们会先在小木板上敷一层土，播下粟米的种子，让它生出绿油油的嫩苗。然后，人们会在木板凳上摆一些小茅屋、花木之类的东西，做成田舍人家小村落的模样，称为"壳板"。还有些地区的人们是将绿豆、小豆、小麦等浸于瓷碗中，发芽并涨到一定程度后，就用红色和蓝色的丝绳扎成一束，称为"种生"，有些地方把这叫作"五生盆"或"生花盆"，南方的一些地方还称之为"泡巧"，将长出的豆芽称为巧芽。

女孩儿们用稻草扎成一个"巧姑"形状，人们把这种巧姑称之为巧娘娘，也就是人们常说的织女。在七夕那天，女孩子会给"巧姑"穿上女子的绿袄红裙，放置在庭院里。然后以巧芽取代针，抛在水面乞巧。有的地区还会用蜡塑造各种形象，如牛郎、织女，或秃鹰、鸳鸯等动物，然后把它们放在水上浮游，称之为"水上浮"。有些地方也会用蜡制成婴儿玩偶的形象，让已婚女子买回家浮于水上，作为宜于生子的祥兆，称为"化生"。

 中元

中元节、除夕、清明节、重阳节，是中国传统节日中祭祖的四大节日。中元节这一名称来源于道教的说法，又称为"鬼节"或"盂兰盆会"，有些地方也称为亡人节、七月半。道家将全年的盛会分为三次，称为"三元"，正月十五为上元；七月十五为中元；十月十五为下元，并且认为这"三元"就是天官、地官及水官"三官"的别称。根据道教《太上三官经》的记载："天官赐福，地官赦罪，水官解厄……一切众生皆是天、地、水官统摄。"每到中元节时，道教徒们都会照例举办祈福吉祥的道场，以此来祈求风调雨顺、国泰民安。民间则多在这天怀念亲人，并表达对美好生活的祝愿。

中元节也是佛教的盂兰盆节，其中的"盂兰"是从梵文中音译过来的，意为倒悬；"盆"在汉语中指的是盛放物品的器皿，佛教认为这一工具可以解祖先的倒悬之苦。缘于目莲救母的故事：目莲是佛祖的弟子，他的母亲因为生性贪婪恶毒，死后遁入饿鬼道，不得超生。目莲为了解救母亲，就在农历七月十五这一天广造"盂兰盆会"，让地狱里的孤魂野鬼享用盆里的食物，为母亲赎罪。后来，每到七月十五这一天，佛教徒们也会在这天举办盂兰盆会，准备五果供奉，以此解救在阴间受苦的祖先。由于佛教办盂兰盆会的宗旨与古时中国的鬼神崇拜不谋而合，因此也就在中国信徒中广为流传了下来。特别是在唐代时期，这一法会非常盛行，而且仪式颇为隆重。

中元节在梁武帝时就已有了，唐宋时期，它已经成为了在民间广为流传的民俗节日，尤其是在宋代时期，已经完全定型和成熟了。在此之后的很长时期，这一节日受到中国民间的广泛重视。在1949年以前，这一节日甚至远比七夕、清明等节日要热闹。在这天，人们以家

庭为单位，自发地举行一些祭神拜祖的仪式，热闹非凡。

在 2010 年，中国文化部公布了第三批国家级非物质文化遗产名录推荐项目名单，香港特别行政区申报的"中元节（潮人盂兰盛会）"入选其中，被列入民俗项目类别的非物质文化遗产。

中元节的民俗活动丰富多彩，现今在佛寺中一般还都会举办盂兰盆会，民间的百姓则会在这天举办一些诸如放河灯、抢孤、放焰口、焚法船、燃放孔明灯等仪式。

祭拜祖先

中元节是我国传统的祭祖节，全国各地多有在这天祭奠祖先的习俗。因为中元节的时间是在每年农历七月十五，此时最炎热的季节已经过去，秋凉才刚刚开始，民间的百姓多认为祖先一般都会在这个季节回家探望自己的子孙，所以便纷纷选择在这天祭拜祖先，久而久之，就成为了一项流传甚广的习俗。

为了中元节的这一仪式，人们一般在中元节的前几天就忙活开了。首先是要将自家的厅堂打扫干净，神龛前摆好祖先的牌位，以迎故祖。在中元节到来之前，家人都不许吵闹、言行要谨慎得体，在家中看到有蛇、蛙、蝶、鸟等都不能打死，并且要焚香烧纸。因为在民间有种说法，这些东西可能是祖先的化身。其次是要准备纸钱、买好香烛、挑选好祭祀祖先的供品，用冥纸做一些孝敬祖先的器物，如冥衣、灵屋、金元宝等。一切准备齐全之后，便静待中元节的到来。

在我国，中元节祭祖的仪式一般在农历七月底之前的傍晚时分举行，也就是说，很多地方并不局限于中元节这一天，在中元节前后的一两天也都是可以的。中元节这天祭祖仪式与往常祭祖不同的地方在于，平常日子的祭祖一般不能挪动祖先的牌位，而到了中元节的祭祖，要先把祖先的牌位一一请出来，恭恭敬敬地放到专门做祭拜用的供桌上，然后在每位先人的牌位前插上香，每日三餐吃饭前都要供奉，直到七月底送走祖先之后才算完结。

一些地区也会在中元节到来之前就为每一位先人画好画像，然后在中元节前后的这段时间把祖先的画像挂起来。祭拜时，边焚香烧纸钱，一边按照辈分和长幼次序，依次给每位先人磕头，向先人汇报自己在这一年的基本情况，并祈求祖先保佑自己来年过得更加幸福平安。

对这一仪式更为重视的人家甚至会请巫师和道公来家里诵经作法超度亡魂。有些人家还会在这段时间请出地藏菩萨、目莲尊者等佛像放置于高台，或请道士、艺师扮演镇鬼祛邪的钟馗来为死者超度，以消弭死者亡魂的戾气。

中元节过后，就要送祖先了，送的仪式是很有讲究的。要烧纸钱、衣物，民间又称之为"烧包衣"，有些人家也还会举办佛门或道教的超度法事。

在中元节这一传统节日中，祭拜祖先是节日的重要内容，它充分显示了中华民族尊重和敬仰先人、不忘根的精神，这是值得我们传承和发扬的。

放河灯

除了以隆重的仪式祭拜祖先，一些临近港口或江河的城市和地区，如闽南、台湾等还会在这天举办放河灯的仪式。这一习俗来源于佛教的盂兰盆会，而与之不同的是，放河灯在盂兰盆会的仪式中只是作为一个很小的部分，而在民间的中元节习俗活动中，放河灯占有很重要的地位。在有些地区，放河灯是农历七月十五祭奠亡灵最为隆重的活动。

每到这天，男女老少几乎倾城出动，到河边观看。漂放当晚，鞭炮声声、烟花漫天，场面非常壮观。有些地区还会扎好戏台，在放河灯的同时举行隆重的民间艺术表演，热闹非凡。

河灯也叫荷花灯，民间一般习惯于用木板或塑料作为底座，然后用竹枝加五色纸做成各种各样的造型，有含苞待放的莲，有跃跃欲试的龙，有憨态十足的牛，有活泼好动的猴，有小如饭碗的莲花灯，等等。有些地区的人们还会在河灯内放置一面彩色的三角形纸旗，称之为普度旗，然后在这面旗帜上写着"广施盂兰"、"敬奉阴光"、"冥辉普照"等字样和自己的名字。有些地区的人们则是在灯上写明亡人的名讳而不插旗。

人们将各式各样的河灯放于江河湖海中，任其漂泛。有些地区的人们将河灯的漂浮状态作为判断先人亡灵在阴间生活好坏的依据，如果灯在水中打旋，则是不好的预兆，这意味着先祖在地下过得不太平；如果灯漂得很远或是靠了岸，则意味亡魂已经得到解脱，到达了彼岸。这种说法今天的人们一般都不相信了。但用放河灯来表达美好祝愿成为了人们的共识，今天，很多地区一直沿袭着这一古老的习俗，并以此来祭奠祖先并祈求祖先保佑，祈求来年风调雨顺、生活幸福美满。然而，也有人说，放河灯的主要目的是要水中的落水鬼和其他孤魂野鬼的灵魂得到安宁，保佑世间的人们平安幸福。现代女作家萧红在其作品《呼兰河传》就对此有过描述："七月十五是个鬼节；死了的冤魂怨鬼，不得托生，缠绵在地狱里非常苦，想托生，又找不着路。这一天若是有个死鬼托着一盏河灯，就得托生。"随着时代的发展，放河灯已然成为一种美好祝愿的表达，寄寓着现代人的美好生活理想。

中秋

宋代著名文学家苏轼的《水调歌头》中写道："人有悲欢离合，月有阴晴圆缺，此事古难全。但愿人长久，千里共婵娟。"这些词句描写的就是与中秋之夜相关的情景。

中秋节是我国的传统佳节，早在《周礼》一书中，就有关于"中秋"一词的记载了。根据我国古代历法，农历八月十五日，在一年秋季的八月中旬，所以叫作"中秋"。

根据中国古代的一些历史文献记载，古代帝王有春天祭日、秋天祭月的礼制，秋天祭月的时间为八月十五，正好是八月的中间。在历史的沿革中，起初只有王侯将相才过中秋节。《唐书·太宗记》中曾经明确记载"八月十五中秋节"，当时很多王侯将相在中秋这天有对月思怀的习惯，之后，过中秋节的民俗传到了民间，很多文人学士纷纷仿效，并由此在民间慢慢流传开来，成为了被民众普遍接受的节日。

关于中秋节的由来，同样有一段美丽的传说，那就是后羿射日与嫦娥奔月的故事。

相传很久以前，天上共有十个太阳，强烈的阳光照得万物枯死，百姓生活苦不堪言。英雄后羿独自背着箭到山顶去射太阳。他用神弓射下了九个太阳，只留一个。从此，百姓们过上了安乐的日子。后羿因此而受到百姓的尊敬和爱戴，不少人慕名前来投师学艺。一个名叫逢蒙的坏人也趁机混了进来。

一天，后羿外出之时偶遇王母娘娘，王母念他射日有功，就给他一颗能升天成仙的不死药。但后羿舍不得妻子嫦娥，只是把药交给嫦娥珍藏。不料被逢蒙看到了。

几天后，趁着后羿外出，逢蒙闯进后羿家中想从嫦娥手中抢夺不死药。嫦娥知道自己不是逢蒙的对手，也不想让仙药落在坏人手里，就吞了下去。没想到刚吞下药，她就飞向了天空。由于嫦娥牵挂着丈夫，便飞落到离人间最近的月亮上成了仙。

此后，后羿非常难过，经常仰望着夜空呼唤爱妻的名字。转眼到了八月十五月圆之夜，后羿在仰望天空时，竟然惊奇地发现明亮的月亮里有个酷似嫦娥的身影好似在朝着人间眺望。于是后羿赶忙叫人在花园里摆上香案鲜果，遥寄在月宫里眷恋着人间的嫦娥。

再后来，嫦娥奔月的消息在人间慢慢传开，人们也学着后羿的样子，向善良的嫦娥祈求吉祥平安。

后来，这一习俗就一直在民间流传了下来。人们一般会在这个节日举办各种庆祝活动，以此来寄托"花好月圆人团聚"的美好愿望。2006年，这一节日被列入了第一批国家级非物质文化遗产名录，2008年起中秋节被列为国家法定节假日。

拜月、赏月

赏月是中秋节的特色习俗。八月十五，圆月高照，在这样的一个佳节赏月、谈月已成为了现代人热衷的娱乐活动。

中秋赏月有着悠久的历史，它来源于我国古代的祭月风俗。古时的祭月是一项严肃的活动。据史书记载，在周朝时期就有祭月的仪式了，古代帝王在春分时节祭日，在秋分时祭月。祭祀的场所称为日坛、月坛。北京的月坛就是明、清皇帝祭月的地方。

随着历史的发展，严肃的祭月活动也渐渐地向带有娱乐性质的赏月活动发展。魏晋时期，在谷物丰收的中秋时节，有些人家便会在月圆之夜娱乐一番，聚在一起闲聊，赏月、谈月。但这也只是个别人的行为，还没有形成社会习俗。到了唐代，社会经济繁荣，人们思想开化，中秋赏月的习俗才开始盛行。据《开元天宝遗事》记载，唐玄宗每年农历八月十五中秋节都要和杨贵妃到太液池赏月，因为觉得明月下沉得太快，便命人在太液池西岸修建了一百尺高台，称赏月台，供他与贵妃赏月用。

宋代时期，人们已经把中秋节作为一个隆重的节日来对待了，民间中秋赏月的风俗更加兴盛。这天晚上，夜市通宵营业，人们一夜不眠，游玩赏月，摆上个大桌子，桌上点着香烛，放上月饼、切成莲花状的西瓜、苹果、红枣、栗子等祭品，还要在对着月亮的那个方向摆上月亮神像，然后全家的女眷依次祭拜月亮，一般男子不用叩拜。仪式完成后，全家人才坐在一起，边吃瓜果、饮酒、分食月饼，边赏月。在切月饼的时候是很有讲究的，通常要按照家中的人口数量来切分，不能切多也不能切少，大小要一样，这就叫作吃"团圆饼"。

后来，这一习俗就一直流传了下来，直至今日。每逢中秋，只要明月开始升上高空时，全家人便聚在一起赏月，边赏月，边吃月饼，还一边讲述着嫦娥奔月或是吴刚伐桂的传说，其乐融融。在我国的一些少数民族地区，还会举办一些与赏月相关的丰富多彩的活动。

吃月饼

"八月十五月儿圆，中秋月饼香又甜"，到了中秋节，自然不能缺少月饼。月饼是人们在中秋节吃的饼，通常为圆形，象征团圆美满。在我国，月饼的故事和传说也是异常丰富的。

月饼，又称胡饼、宫饼、小饼、月团、团圆饼等，它最初是古代人们在中秋祭拜月神的供品，后来，随着年代的发展，才被人们作为中秋节必不可少的食物，成为了全家人团圆的象征。

据史料记载，古时皇帝在祭拜月神时，都会准备一些饼作为祭品，只是这个饼并不是专供人食用的。到汉代时，就出现了专供人食用的以胡桃仁为馅的圆形饼，名曰"胡饼"，这种饼可以看作月饼的前身，但它不是中秋节的特定食品。

相传中秋吃月饼的习俗始于唐代。唐太宗与群臣欢度中秋时，手持吐蕃商人所献的圆饼，指着空中明月笑道："应将胡饼邀蟾蜍。"然后还把圆饼切成很多份分给群臣一起食用。从此就有了中秋吃月饼的习俗。后来有一年中秋之夜，唐玄宗和杨贵妃赏月吃胡饼时，唐玄宗嫌"胡饼"这个名字不甚雅观，便想着要改个名字，此时杨贵妃正在专心赏月，看着明月当空，随口而出"月饼"二字，玄宗听了，觉得这名字贴切而雅致，就将"胡饼"改为了"月饼"，从此以后，月饼的名称便流传开来。

不过我国的一些民俗学专家经过考证，认为吃月饼始于元朝末年，是军师刘伯温为帮朱元璋联合各路反抗力量准备起义而想出的。他们将写有"八月十五夜起义"的纸条藏入月饼里面，以此来召集人员，后来，朱元璋起义成功后，就将当年起兵时用来秘密传递信息的月饼，作为节令糕点赏赐群臣。此后，中秋节吃月饼的习俗便在民间流传开来。但很多人认为这一说法不十分可信。因为"月饼"一词，在宋代的文学家周密的《武林旧事》一书中就早有记载。

到了明代，中秋吃月饼在民间已经流传开了，人们不仅把嫦娥奔月的神话故事作为图案印在月饼上，还赋予月饼团圆的象征意义。田汝成《西湖游览志余》中记载说："八月十五谓之中秋，民间又以月饼相遗，取团圆之义。"

后来，寓意团圆的中秋节吃月饼就一直流传到了今天。现今，月饼的种类繁多，口味多样。按产地分，有京式、宁式、潮式、苏式、广式、滇式等；就口味而言，有甜味、咸味、咸甜味、麻辣味；从馅心讲，有五仁、豆沙、蛋黄、芝麻、火腿等。月饼以其美味可口的特性和美好的象征意义而备受人们的青睐，成为中秋节必不可少的食品。

玩兔儿爷

一到中秋节，民间的百姓除了拜月、赏月、吃月饼，还有其他的一些民间习俗，如观海潮、燃灯、玩兔儿爷等，其中又以兔儿爷最具有代表性。

兔儿爷是旧时北京中秋应节应令的儿童玩具。每到中秋节，民间的能人巧手们便用黄土捏成初具人形的兔子，并拿到集市上去卖，谓之兔儿爷。这里的兔儿指的是天空中的玉兔，而"爷"是专制时代对高贵人的尊称，玩兔爷儿表达的是一种尊天敬神于娱乐之中的感情。

关于兔儿爷的最早记录是在明代，明人纪坤就在自己的作品《花王阁剩稿》中说："京中秋节多以泥抟兔形，衣冠踞坐如人状，儿女祀而拜之。"此时的兔儿爷是作为祭拜月神的供品，到了清代时期，由于兔儿爷好看好玩的外形，它的功用也发生了变化，由最初的祭月供品变成了儿童中秋节的玩具。

后来，民间艺人又加入了丰富的想象，将兔儿爷做成兔首人身、手持玉兔的模样。姿态也更加多样化，有背插纸旗或纸伞、或坐或立的，也有扮成兔首人身之剃头师父或是缝鞋、卖馄饨、茶汤的，有人甚至仿照戏曲或是传说中的人物，将兔儿爷雕造得更加精致，形象逼真，惟妙惟肖，让孩子喜欢得不得了，进而纷纷抢购。有些手艺更高的艺人还能做出一种肘关节和下颌能活动的兔儿爷，俗称"吧嗒嘴"，更是惹得人们爱不释手，成为了孩子们最喜欢的玩具。

而且，这些民间艺人到集市出售自己的作品时会给孩子们讲美丽的神话传说，嫦娥奔月、吴刚伐桂和玉兔捣药的故事听得大家流连忘返，无限向往。听完后，一阵欢笑，也总会买个兔儿爷拿回家自己慢慢欣赏、慢慢回味。

旧时的北京，到了中秋节，前门五牌楼、后门鼓楼前、西单、东四等处，到处都是大大小小、高高低低的兔儿爷，煞是热闹。现如今，当地还流传着很多非常有趣的与兔儿爷有关的歇后语，如"兔儿爷打架——散摊子""兔儿爷掏耳朵——崴泥""兔儿爷拍心口——没心没肺"等。

重阳

农历九月九日，是中国传统的重阳节，现在又被称为老人节。重阳节的定名根据《易经》的记载而来。《易经》中把"六"定为阴数，把"九"定为阳数，九月九日，两九相重，所以叫作重阳，民间也有人称之为重九。古人认为双九相重是一个非常吉利的日子，因而从很早起就将其定为一个特殊的日子。

重阳节是一个有着悠久历史的节日，由于年代久远，节日的形成很难考察。很多学者认为，重阳的源头可追溯到秦朝，当时的人们会在九月初农作物丰收的这天祭神拜祖，以此来感谢天帝及祖先的恩德。汉朝初期，皇宫中的人每年重阳日都要佩茱萸、食蓬饵、饮菊花酒，以求长寿。后来因为有宫女被逐出宫，这一习俗也就传入了民间。到了三国时期，已经有关于"重阳节"这一名称的详细记载了。到了唐代，重阳被正式定为节日，此后历朝历代沿袭至今。

九九重阳，因为与"久久"同音，九在数字中又是最大数，有长久长寿的含意，况且秋季是一年收获的黄金季节，所以一直以来，人们对此节日都有着特殊的感情。庆祝的方式也是丰富多彩的，一般包括出游赏景、登高远眺、观赏菊花、遍插茱萸、吃重阳糕、饮菊花酒对弈等活动。而且，唐宋以后的历代文人有着很多贺重阳、咏菊花的诗词名作。

在今天，重阳节还被赋予了新的含义，在1989年，我国把每年的农历九月九日定为老人节，重阳节在原有寓意的基础上，又多了尊老、敬老、爱老、助老的内容。这一天，健朗的老人们秋游赏景，登高望远、赏菊畅谈，非常轻松惬意。而家中的晚辈们，不仅会开展一些传统的重阳节活动，还会更多地关爱老人，或搀扶着年老的长辈到郊外活动，或为老人准备一些可口的饮食。

重阳登高

在古代，重阳节又称登高节，登高是重阳节最重要的活动之一。所谓登高，就是指登上高处，对于高处并没有统一的规定，高山、高塔等地方都可以。而且在登高的时候，不是简单的攀登，还要观赏山上的红叶野花，吃些食物，美美享受一番。另外，由于重阳节所在的日期是深秋，节后不久草木就要开始凋零，这与三月踏青后的情景相对，所以人们又把重阳节登高野游的活动称为辞青，这一名称又给登高的活动增添了很多诗情画意。

关于重阳登高的来历，民间流传着两种说法，一说源于对山神的崇拜和祈求驱灾的目的。古代人认为神能使人免除灾害，所以在重阳时节都会到山上祭拜山神，游玩一番，以此祈求保佑驱灾避祸。第二种说法认为，重阳正是野果和药类等的成熟季节，农事也相对空闲，于是人们纷纷上山采果采药，随着时间的推移，便演变成了登高的风俗。而且，重阳节期间天高气爽，很适合登高，所以人们就把登高的日期定在此时了。

中国人重阳登高的历史已经很悠久了。早在西汉时期，汉代京城的人们便有重阳节登高观景的习俗。东晋时期，还有个"龙山落帽"的故事至今被传为美谈。据《晋书》记载，重阳节这天，晋朝参军大将孟嘉与一些官员共同登龙山，到了山中，孟嘉被自然美景吸引，连风把帽子吹走了也没有察觉。有人看见了，就以此为题写了首诗笑话他，孟嘉也不示弱，作文答辩，俩人你来我去，一时传为佳话。而东晋诗人谢灵运为了登山方便，还专门制作了一种方便登山的鞋，人们称之为"谢公屐"。到了唐代时，重阳登山已是人们尤其是文人雅士们热衷的一项活动了，文人们不仅登山，还创作很多与此相关的诗词。如李白的《九日登巴陵望洞庭水军》、王维的《九月九日忆山东兄弟》等。之后，这一习俗就代代流传并受到人们的喜爱。

明清时，北京地区重阳登高的习俗非常兴盛，史书中对这有着详细的记述："京师谓重阳为九月九。每届九月九日则都人提壶携榼，出都登高。南则天宁寺、陶然亭、龙爪槐等处，北则蓟门烟树、清净化域等处，远则西山八处。赋诗饮酒，烤肉分糕，询一时之快乐也。"据说清末慈禧太后每年重阳都要在北海东的桃花山登高、野餐，并架蓝布帷帐，防止闲人偷看。

佩茱萸

茱萸是重阳节的重要标志。中国历来都有重阳节佩茱萸的习俗，而且因为这一习俗，重阳节被称为茱萸节。

茱萸，又名越椒、艾子，是一种常绿带香的植物，果实和叶子等都可以做中药，树可以长到一丈多高，叶子为羽状复叶。茱萸在初夏的时候开绿白色的小花，结出来的果子有些像辣椒，秋天以后，果实成熟了，颜色也由原来的黄色变成紫红色，有温中、止痛、理气等功效。而且，茱萸叶可治霍乱，根可以杀虫。茱萸不仅有很高的药用价值，还被认为是吉祥的象征。古人认为佩戴茱萸，可以辟邪去灾。

在我国，重阳节插茱萸的习俗相传最早出现在东汉，晋代时开始成为一种节日习俗，到唐朝时，已经成为人们普遍接受的习俗了。古人认为在重阳节这一天插茱萸可以避难消灾，把茱萸果放在小袋子里，然后佩戴，称为茱萸囊，也有人直接将茱萸插在头上。在古时大多是女子、儿童佩戴，有些地方，男子也佩戴。

其实重阳节插茱萸和端午节挂艾草、菖蒲的作用差不多，说是为了避难消灾，但实际上除虫防蛀的意义更多一些，因为重阳之前的一段时间内，气候还很炎热，加上秋雨潮湿，人们储存在柜子里的衣物就会生虫发霉，而且这段时间是桂花飘香的季节，虫子较多。因为茱萸带有一点毒性，有杀虫的作用，所以人们就用茱萸驱赶虫子。久而久之，重阳插茱萸便成为了习俗流传了下来。

宋朝以后，与茱萸的药用价值及驱虫效果相比，人们更看重它所寄寓的辟邪消灾效用。人们不仅为了驱赶蚊虫而佩戴茱萸，更希望以此表达自己对未来生活的美好期盼，这种习俗一直延续到今天。

赏菊花，喝菊花酒

不仅是登高和佩戴茱萸，人们在重阳节还有赏菊花、喝菊花酒的习俗。

菊花是秋天里最绚烂的花朵，重阳时分，千姿百态的菊花更是美不胜收，让人赏心悦目。作为我国的名花，菊花寓意着长寿。

在中国人眼里，菊花飘逸清雅、风骨高洁，它并不以娇艳的姿态取媚于人，而是以自身温文尔雅、纯净高洁、坚贞不屈的君子之态赢得人们的喜爱，为"岁寒四友"之一。而且，在传统观念中，菊花象征着长寿。

菊花一般都在重阳前后开放，所以又有节花的称号。相传重阳赏菊的风俗始于东汉，当时人们会在重阳这天举办菊花大会，几乎全城的人都会赴会赏菊，非常热闹，之后，重阳赏菊花的习俗就流传了下来。文人们不仅赏菊、观菊，还以此作为吟诗作对的题材，写出了很多与此有关的诗词佳句。晋代诗人陶渊明就是其中最典型的代表，他不仅以诗酒出名，更是出了名的喜爱菊花的人。他留下了"采菊东篱下，悠然见南山""酒能祛百虑，菊为制颓龄"等脍炙人口的诗句。

另外，重阳佳节有喝菊花酒的习俗。相传在汉代时就已有菊花酒了，魏晋时，曹五曾在重阳赠菊给钟踏，祝他长寿。在当时的一些文学作品里，也有关于因为喝了菊花酒而长寿的记载。后来饮菊花酒逐渐成了民间的一种风俗习惯，尤其是在重阳时节，很多人家都会自己酿制菊花酒并饮用。古时酿造菊花酒，往往是从头年重阳节时开始，采下刚开的菊花和青翠的枝叶，掺和在准备酿酒的粮食中，然后一齐用来酿酒，封存一年，到第二年才饮用。而且在菊花酒酿好后，一般人都不会独自品尝，而是叫上自己的朋友共同分享，饮酒赏菊，十分惬意。

到了明清时代，菊花酒中又加入了地黄、当归、枸杞等诸多草药，药用的效果就更好了，据说喝菊花酒能疏风除热、养肝明目、消炎解毒，甚至可以延年益寿。

吃重阳糕

在重阳节这一天，人们还有吃重阳糕的习俗，主要盛行于平原地区。因为这些地方重阳节无高可登，于是有人由登高想到了吃糕，以此喻示生活越来越美好的意思。因为是重阳节中吃的食物，所以称为重阳糕。

重阳糕又称花糕、菊糕、五色糕，是一种用枣泥、银杏、松子、杏仁为馅做成的面食品。

这种重阳糕的历史可追溯到先秦，相传先秦时期的"蓬饵"是它的雏形。蓬饵就是用蓬子掺和米粉做成的糕饼状的食品。汉代时，就出现了与现在的重阳糕差不多原料和形状的黍糕，此后，糕就成为了人们喜爱的一种食物，只是这种食物不是特意为重阳节准备的，平时也有。到了唐宋时代，随着重阳节习俗的流行，才逐渐演变成该节日的特有食品。

在古时候，人们对重阳糕的做法非常考究，一般都要做成九层，像座宝塔，顶端还要做两只小羊，以符合重阳（羊）的意思。然后，在重阳糕上插一面红纸做成的小旗，代表茱萸，最后点上蜡烛灯。在人们心里面，"点灯""吃糕"也就蕴含"登高"的意思。以吃糕代替登高，表示步步高升。

古代习俗中重阳节还要接已出嫁的女儿回家过节，而重阳糕中的枣、瓜子等佐料和糕点表面的图案有早生贵子的含义，所以吃重阳糕也是人们祈求家庭和睦、早生孩子愿望的表达。

重阳糕根据馅料和制作工艺的不同又细分为糙花糕、细花糕和金钱花糕。这些糕点，为重阳节增添了很多乐趣，也让这个节日变得更加有滋有味。

第十三章

中式休闲：云卷云舒，静度流年

棋

在古代，琴棋书画是文人骚客和名门闺秀修身必须掌握的技能，在现代，人们也常常以此标准来衡量一个人的素养。其中，下棋既文雅，又有趣，是古人修身养性、今人娱乐消遣的重要活动。棋的种类很多，最常见的两种就是围棋和象棋。

围棋

在古代，琴棋书画中的"棋"多指围棋。围棋起源于中国，在我国古代称为弈，是两个人玩的一种策略性游戏，使用格状棋盘及黑白二色棋子进行对弈。围棋在中国的历史非常悠久，相传已有四千多年的历史，晋代的张华在《博物志》中认为早在中国远古时期，舜就创造了棋，是古代各种棋类的鼻祖。

中国围棋大师吴清源在考证围棋的起源时认为，围棋其实是古人一种观天工具。棋盘代表星空，棋子代表星星。这种说法的确是有一定的道理。近看，围棋棋盘为标准的正方形，由纵横各19条线互相垂直、均衡地纵横交错而成，构成一幅对称、简洁而又完美的几何图形；远处凝视，它又是一个浑然的整体。

整体性、对称性、均匀性是围棋棋盘的最大特点。它全然一个整体，四面八方绝对均匀，上下左右完全对称。既无双方阵地之分，也无东西南北之别。而且，棋盘可以任意摆放，下棋者也可以从任何一边落子。围棋棋盘的这些特点十分契合宇宙空间的本性。

尽管关于围棋的起源，学界还有诸多的争论，但是可以肯定的是，春秋战国时期，围棋已在社会上广泛流传了。当时的文人士大夫多爱好下棋，甚至出现了类似"举棋不定"这样的围棋术语来比喻性格优柔寡断。在此以后的几个朝代，它的发展就渐趋平缓了。直到东汉中晚期，围棋又兴盛起来，而且成为了培养军人才能的重要工具。

魏晋南北朝时期，清谈之风兴盛，因而下围棋也成为文人学士们喜爱的活动。在当时，围棋对弈又被称为"手谈"，双方以落子作为语言进行交流，每手棋都传递着信息。当时的统治阶级因为爱好对弈，便以棋设官，建立棋品制度，并明确将棋艺分为九品。相传现在日本围棋分为"九段"即源于此。

在之后的历史时期，围棋又经历了诸多变化，不仅棋艺水平不断提高，围棋规则不断完善，而且围棋陶冶情操、愉悦身心、增长智慧的意味越来越突出。目前，围棋广泛流行于亚太地区，并且覆盖世界范围，是深受人们喜爱的一种棋类游戏，而且，亚洲的一些国家，每年都会举办一些围棋赛事。

围棋的规则既与其他棋类有相似之处，也有所不同。与其他棋类项目一样，围棋是双方轮流下子，要掌握棋手起子及落子的机会，而其他棋类项目以先擒获对方某种棋子为胜，围棋以控制地盘大者为胜方，追求数量的优势。

象棋

象棋属于二人对抗性游戏，起源于中国，历史悠久。

早在战国时期，我国的古籍中已经有了关于象棋的正式记载。最早的象棋由棋、箸、局等三种器具组成。当时的棋子多用象牙雕刻而成；箸就是投掷以决定行棋先后的骰子；局，则是一种方形的棋盘。与围棋不同，象棋行棋两方，每方六子。下棋之前，双方先要投箸，以决定先后。比赛时，"投六箸，行六棋"，斗巧斗智，相互进攻逼迫，置对方于死地为胜。实际上，之所以这样设计棋子的数目与下棋的规则，与当时的军事训练和战斗方式有关。因为春秋战国时的兵制，以五人为伍，设伍长一人，共六人。由此可见，早期的象棋象征了战斗，是模拟战争的一种游戏。

在之后的朝代中，象棋的形制和规则都经历了一些变化，而且发展并不稳定。直到北宋末期，它才定型为近代的模式：32枚棋子，黑、红棋各有将（帅）1个，车、马、炮、象（相）、士（仕）各2个，卒（兵）5个，棋盘上有河界，将在九宫之中。到了南宋时期，象棋流传得非常广泛，近乎家喻户晓，下象棋的专业选手和专门制作象棋工具的手工业者相继出现。当时的很多文人、政治家也都喜欢下象棋，如李清照、文天祥等，甚至出现了许多关于象棋方面的著述。

元明清时期，象棋继续在民间流行，技术水平提高得很快。象棋不仅受到文人学者的喜爱，还受到了其他阶层人民的欢迎，著名棋手不断涌现，多部总结性的理论专著相继问世，其中最有代表性的如《梅花谱》《橘中秘》《适情雅趣》《竹香斋象棋谱》等。

1949年以后，象棋进入了新的发展阶段，它在1956年被作为国家体育项目，此后，每年都会举行全国性的比赛。1962年成立了中华全国体育总会的下属组织——中国象棋协会，各地相应建立了下属协会机构。由于人们的喜爱和推动，象棋的棋艺水平不断提高，优秀选手不断涌现。

象棋的棋盘是一个绘有九条平行的竖线和十条平行的横线相交组成、共有九十个交叉点的长方形平面。象棋棋子遵循着规则在棋盘上活动，各子都有其固定的走法，比如马走"日"字，相飞"田"形，"帅"和"士"只能在九宫里走。"炮"隔子可以吃对方子，卒子过河不回头等。

酒

文人与酒，一直都是中国文化史上永恒的话题。历史上，文人灿若繁星，他们不仅给我们留下了动人的诗篇，还为后世留下了诸多有关酒的故事。正因如此，酒不仅是一种只为满足口腹之欲的东西，还透露出浓郁的文化气息。

中国是世界上酿酒最早的国家之一。在很早以前劳动人民就会酿制酒了，而在几千年的发展史中，酒与文化的发展基本上是趋向同步的。

"对酒当歌，人生几何？譬如朝露，去日苦多。慨当以慷，忧思难忘。何以解忧，唯有杜康。"这首《短歌行》中的酒，出现在三国时期，但是酒的历史，要早于曹操很久。

关于酒的起源，民间有着不少的传说，这些神话传说给酒增添了一份神秘色彩和更浓的文化气息。有人说酒起源于远古与神农时代，是古代的医生治病救人时研究出来的一个药方；有人说酒是汉代刘伶的创造；有人说最早酿酒的人是杜康……而在这诸多说法中，认同度最高而且真正与酒的酿造有关系的，是杜康酿酒说。

传说在夏朝的时候，有一个叫作杜康的人，为了储存粮食，就将稻米封存在了一颗中空的大树树干中。后来有一天，杜康到山上去放羊，看到羊舔了装粮食的大树，就倒在了地上。于是，他自己也去树下，闻到一股奇香，就忍不住也尝了一点树干上渗出来的水。尝过之后，他发现，这种"水"的味道美妙无比，可没过多久，他就酩酊大醉了。后来，经过观察和思考，杜康就发明了酒。

一般来说，古酒约分为两种：一种是用果实谷类酿成的有颜色的酒，一种是蒸馏酒。而在中国古代的初期，酒一般都是用果实或主食稻米发酵制成。自从杜康发明酒之后，人们到了丰收的季节，都会准备好粮食和果实，加工处理之后便用来酿酒。那时，做了酒的粮食就成了糟粕，于是在粮食不富裕的古代，酒属于奢侈品，一般是由国家来统一管理，不允许私人卖酒。尽管如此，严格的规定还是比不过人们对酒的喜爱，所以一些粮食富足的人家还是会酿酒来自家食用或是和朋友分享。后来，随着农业生产力的提高，粮食充裕，人们的酿酒饮酒之风也就越来越兴盛了。

在长期的历史发展中，酒与文化结下了不解之缘，这不得不归功于古代文人骚客的推动和影响。他们不仅留下了诸多与酒有关的诗篇和故事，在饮酒赞酒的同时，给酒起了不少饶有风趣的雅号或别名。比如，"杜康"就是以酿酒人的名字命名的；汉代文人焦延寿认为酒能消忧解愁、给人们带来欢乐，所以就把酒称为"欢伯"；文人张养浩看到酒色如金，在杯中浮动如波，于是又称酒为"金波"；等等。

文人好酒

文人好酒，自古皆然。在漫长的历史中，文人与酒结下了不解之缘。

西晋时期，身为"竹林七贤"之一的刘伶堪称第一醉鬼，他爱酒如命，妻子禁止他喝酒时他竟以祭祀祖先为名讨酒喝，他写了一篇《酒德颂》，"兀然而醉，豁然而醒，静听不闻雷霆之声，孰视不睹山岳之形。不觉寒暑之切肌，利欲之感情。俯观万物，扰扰焉如江汉之载浮萍。"这种境界真可谓古典的酒神精神的体现。

东晋陶渊明，他的诗中有酒，酒中有诗。据说当时衙门有公田，可供酿酒。陶渊明就下令所有的田都种粳，来做酒料，他连吃饭的大事都忘记了。还是他夫人力争，才分出一半公田种稻。后来他弃官无禄，家贫无酒，他还是欢喜"携幼入室，有酒盈尊"的待遇。

唐代的李白是诗仙，也是一位酒仙。他的人生都带有醉酒侠客的豪情，杜甫《饮中八仙歌》中说"李白斗酒诗百篇，长安市上酒家眠，天子呼来不上船，自称臣是酒中仙"。白居易也是位大酒徒。他为官时，专门研究酒的酿造。他发现酒的好坏取决于水质如何，他自惭上任一年毫无政绩，却为能酿出美酒而得意。在他死后，很多人都端一杯美酒去祭奠他。

北宋的文坛领袖欧阳修，人称醉翁。他写了有名的《醉翁亭记》，其中也不忘抒发自己对饮酒的喜爱。在他看来，曲水流觞，觥筹交错，这是人生中的一大乐事，喝酒的时候可以比才情，可以论大道，也可以诉说心中的愁苦。

茶

中国的文人爱喝酒，也爱品茶、饮茶。"琴棋书画诗酒茶"向来被视为人生七雅。在文人雅士的手中，茶不仅是缓解口渴、醒脑提神的佳品，更是陶冶情操、传达心声的佳品。非但文人如此，一般的寻常百姓也对茶有着特殊的感情。构筑了西湖龙井、碧螺春、铁观音等诸多名茶及闻名世界的茶文化。

中国是茶的故乡。早在 3000 多年前，我国就有与栽培和利用茶树有关的记载了。而关于中国人具体是什么时候开始制茶饮茶的，历史上众说纷纭。

唐代人陆羽有一本书叫作《茶经》，其中记载了茶的起源："茶之为饮，发乎神农氏。"其实不仅陆羽持这种观点，很多古人也是这么认为的。关于神农氏发明茶，民间还有不少的神话传说。一种说法是，神农在野外以釜锅煮水时，刚好有几片叶子飘进锅中，煮好的水颜色微黄，喝入口中生津止渴、提神醒脑。神农有尝百草的经验，直觉告诉他这是一种药材。这种机缘加上神话的说法，被广泛认可。另一种说法是，神农有个水晶肚子，从外面可以看见食物在胃肠中蠕动的情形，当他尝茶的时候，发现茶在肚内到处流动，擦来擦去，结果把肠胃洗涤得干干净净，所以神农称这种植物为"查"，后来演变成了"茶"。

关于茶的起源，不止这两种说法。有人认为茶的起源与春秋时期的晏子有关；有人认为与周公有关；有人说是古人不胜酒力，就以茶代酒，后来成为一种时尚；甚至有人认为茶的出现与达摩祖师有关。

不仅关于茶的起源说法众多，在古代史料中，有关茶的名称也很多，直到中唐时期，茶的音、形、义才渐渐趋于统一，后来，陆羽写了《茶经》一书并广为流传，茶的字形才最终得以确立，直至今天。茶叶的种类很多，基本上可以分为绿茶、红茶、青茶、黄茶、黑茶、白茶等。

中国人爱茶，在茶中融入了诸多文化和情感的元素，并把饮茶品茗作为一种艺术享受来推广。随着烹茶、饮茶技艺的成熟及时代的发展，具有修身养性、陶冶情操等意味的茶道也越来越兴盛。

中国十大名茶

1. 杭州西湖龙井。产于杭州西湖周围的群山之中。相传，乾隆皇帝巡视杭州时，曾在龙井茶区作诗一首，诗名为《观采茶作歌》。龙井茶外形挺直削尖、扁平俊秀、光滑匀齐、色泽绿中显黄。冲泡后，香气清高持久，汤色杏绿，芽芽直立。品饮茶汤，齿间流芳，回味无穷。

2. 苏州洞庭碧螺春。产于苏州太湖洞庭山。碧螺春的茶叶纤细，卷曲成螺，满披茸毛，色泽碧绿。可以先冲水后放茶，茶叶依然徐徐下沉，展叶放香。因此，民间说：碧螺春是"铜丝条，螺旋形，浑身毛，一嫩三鲜自古少"。

3. 太平黄山毛峰。产于安徽省太平县以南的黄山。黄山毛峰茶园天天沉浸在云蒸霞蔚之中，因此茶芽格外肥壮，外形细扁稍卷曲，状如雀舌披银毫，经久耐泡，香气馥郁。黄山茶采于清明到立夏之间。

4. 安溪铁观音。产于福建省安溪县，素有茶王之称。安溪铁观音茶一年可采四期，分春茶、夏茶、暑茶、秋茶。铁观音的叶缘红点，青心红镶边。

5. 岳阳君山银针。产于湖南岳阳县洞庭湖中岛屿。一般在清明前三四天开采。君山银针茶味醇甘爽，汤黄澄高，芽壮多毫。冲泡后，芽竖悬水中，能三起三落，蔚成趣观。

6. 普洱茶。产于云南，普洱是它最初走红时的销售地点。它属于黑茶中的一种，茶叶外形色泽褐红，内质汤色红浓明亮，香气独特陈香。有生茶和熟茶之分，生茶自然发酵，熟茶人工催熟。

7. 庐山云雾。产于江西省九江市庐山。在宋朝时，它曾被列为"贡茶"。庐山云雾茶色泽翠绿，味浓醇鲜爽，芽叶肥嫩显白亮。此茶一般采于清明前后，随海拔增高，采摘的时间随之延后。采摘时，以一芽一叶为标准。

8. 信阳毛尖。产于河南信阳的车云山、集云山、天云山、云雾山、震雷山、黑龙潭和白龙潭等群山峰顶上，以车云山天雾塔峰为最。其外形银绿隐翠，叶底嫩绿匀整，内质香气新鲜，一般一芽一叶或一芽二叶。

9. 安徽祁门祁红。产于安徽省西南部黄山支脉区的祁门县一带。

这是红茶中的极品，茶叶条索紧细秀长，汤色红艳明亮，其香气酷似果香，又带兰花香，清鲜而且持久。

10. 六安瓜片。产于安徽西部大别山，叶片肉质醇厚，营养最佳，是我国绿茶中唯一去梗去芽的片茶。